融资约束对
技术创新的影响研究

RONGZI YUESHU DUI JISHU
CHUANGXIN DE YINGXIANG YANJIU

李文静◎著

经济管理出版社
ECONOMY & MANAGEMENT PUBLISHING HOUSE

图书在版编目（CIP）数据

融资约束对技术创新的影响研究/李文静著. —北京：经济管理出版社，2021.12
ISBN 978-7-5096-8279-1

Ⅰ．①融…　Ⅱ．①李…　Ⅲ．①企业融资—影响—企业—创新—研究　Ⅳ．①F273.1

中国版本图书馆 CIP 数据核字（2021）第 260024 号

组稿编辑：任爱清
责任编辑：任爱清
责任印制：黄章平
责任校对：王淑卿

出版发行：经济管理出版社
　　　　　（北京市海淀区北蜂窝 8 号中雅大厦 A 座 11 层　100038）
网　　　址：www.E-mp.com.cn
电　　　话：(010) 51915602
印　　　刷：唐山昊达印刷有限公司
经　　　销：新华书店
开　　　本：720mm×1000mm /16
印　　　张：12.5
字　　　数：218 千字
版　　　次：2021 年 12 月第 1 版　　2021 年 12 月第 1 次印刷
书　　　号：ISBN 978-7-5096-8279-1
定　　　价：78.00 元

前 言
PREFACE

技术创新是企业生存和发展的关键因素，是提升企业核心竞争力的重要推动力，也是我国顺利实现经济发展方式转变，实现创新驱动发展战略的必经之路，更是我国在世界竞争中占据有利地位的战略选择。进入 21 世纪后，技术创新在国家综合实力竞争力中凸显出越来越重要的作用，而金融约束因素也越来越成为企业发展过程中的重要障碍。技术创新活动作为一种投资活动，最重要的投入为资金投入，因此离不开融资的支持，技术创新在很大程度上依赖于企业获得外部融资的多少。然而，由于技术创新资金需求量大、持续周期长，因此技术创新投入很容易受到资金的限制而投入不足，导致我国技术创新投入一直偏低，与世界一流企业相比，我国企业的创新投入还有很大的差距，根据《2018 年中国企业 500 强发展报告》，中国企业 500 强的平均研发强度仅为 1.56%，远低于国际公认的企业生存标准 2%。那么，到底是什么因素制约了企业的技术创新能力？目前，我国经济还处于转型期，资本市场发展还不成熟，存在结构性缺陷，各种法律法规和制度体制还不完善，企业融资渠道不稳定，融资成本高，融资效率低，融资约束问题将是我国企业需要长期面临的关键性问题之一，那么融资约束是否制约了企业的技术创新活动呢？如何在融资约束条件下提升企业的技术创新能力？本书在梳理融资约束理论、技术创新理论等相关理论的基础上，从融资约束的视角解释了融资约束与技术创新的关系，重点解释了融资约束影响技术创新的机理，完善了融资约束和技术创新的相关理论，并采用我国战略性新兴产业的数据进行了实证检验，对于新常态下如何扫除技术创新的障碍，提升企业创新能力具有一定的指导意义。本书试图解决以下六大问题：

（1）我国企业是否存在融资约束？如果存在，那么我国战略性新兴产业的融资约束现状如何？是否存在地区差异？是否存在行业差异？

（2）我国企业的技术创新特征如何？是否存在地区差异？是否存在行业差异？是否存在企业差异？

（3）技术创新的资金渠道是什么？是否依赖外部资金？融资约束是否影响企业技术创新？

（4）微观视角下融资约束如何影响企业技术创新？这种影响是否具有选择效应？

（5）宏观视角下融资约束如何影响区域技术创新水平？这种影响是否随时间推移而发生变化？融资约束对技术创新的动态冲击效应如何？

（6）在融资约束条件下，如何通过有效路径提升企业的技术创新能力？

根据相关章节的研究得到的研究结论有以下五个：

（1）融资约束与技术创新的现状特征。其一，我国战略性新兴产业上市公司面临的融资约束程度随时间推移而不断增加，说明企业发展过程中存在的融资约束问题越来越严重；其二，无论是我国的技术创新投入（R&D 经费）还是技术创新产出（专利申请数）都呈现逐年增长的态势，但从产出和投入的对比来看，我国战略性新兴产业目前创新效率偏低。

（2）融资约束影响技术创新的形成渠道。其一，我国战略性新兴产业上市公司的技术创新对内部现金流存在明显的依赖性；其二，技术创新除了依赖内部现金流外，还明显依赖于外部融资，股权融资是我国战略性新兴产业技术创新投资的主要外部融资渠道，由此可知，我国战略性新兴产业的技术创新依赖于外部融资，需要到外部资本市场进行融资，因此技术创新必然受到融资约束的影响。

（3）微观视角下融资约束对企业技术创新的影响。其一，融资约束对技术创新具有抑制效应，不仅抑制了技术创新投入，而且抑制了技术创新产出，且融资约束对技术创新产出的抑制作用主要体现在策略性创新上；其二，融资约束对技术创新的抑制作用具有选择效应，主要体现在国有企业与非国有企业之间存在差异，战略性新兴产业内的各子行业之间存在差异，制造业与非制造业之间存在差异，不同外源融资依赖度的行业之间存在差异。

（4）宏观视角下融资约束对区域技术创新的影响。其一，宏观上融资约束的放松有利于促进区域技术创新活动，而融资约束的收紧不利于区域企业技术创新。其二，技术创新投资的变化主要源于自身惯性的影响，在宏观融资约束政策中，首先是直接融资规模对技术创新投资的变动影响最大，其次为间接融资规模和财政科技经费支出，说明直接融资市场的繁荣可以有效地发挥对技术创新的促进作用。

（5）融资约束下提升企业技术创新能力的实现路径。其一，企业应该在现金流较好或股市繁荣期建立有效的现金储备或者保持适当的速动比率，以预防未来主要融资渠道发生波动时技术创新投资可能出现的资金缺口，保证技术创新活动的持续进行。其二，政府不仅要着力构建良好的外部经济环境，帮助企业更好地发挥创新活力，还要通过良好的制度环境来增强企业技术创新的动力和积极性，为企业技术创新提供良好的政治环境，最终提升企业的技术创新能力。

最后，根据机理分析和实证检验的结果，本书提出了相关建议：政府要着力构建支持企业技术创新的金融体系，完善创新支撑政策；企业要提升企业核心竞争力，增强融资能力，最终提升企业技术创新能力。

本书的创新点有五个：一是从实物期权的角度为融资约束与技术创新的关系提供了新的理论解释，并采用我国战略性新兴产业的数据进行了实证检验；二是揭示了外部政治经济环境在融资约束与企业技术创新负向关系中的调节作用，为宏观经济政策的实施提供了新的落脚点和关注点，从而实现了宏观政策和微观行为的连接，为宏观政策的传导机制及产生的投资驱动效应提供了企业层面的微观证据；三是从制度环境的视角揭示了市场化水平是造成技术创新能力区域差异的重要因素；四是创造性地探究了我国战略性新兴产业融资约束的总体状况、行业差异、区域差异和动态演化特征，为因地制宜地制定差异化的融资政策和创新政策提供了政策依据；五是在研究样本上，同时采用宏观数据和微观数据，宏微观相结合系统全面地揭示了融资约束对技术创新的影响。

李文静

2021 年 7 月 6 日

目 录
CONTENTS

图目录

表目录

第一章

绪 论

一、研究背景和研究意义

（一）研究背景

1. 国际背景

2008年的世界金融危机给世界各国经济造成了不同程度的重创，其深层次影响还在不断涌现，导致后危机时代世界各国之间经济力量的失衡，国际分工体系面临新的调整。面对日趋严峻的国际政治经济环境，为了实现经济的飞速发展，和在国际分工中争取有利的地位，世界各国，尤其是发达国家纷纷把推动科技进步和创新作为国家发展战略，加大科技创新投入，把争夺科技制高点作为国家战略发展重点，把发展新兴产业作为经济发展的重要突破口，创新驱动的新兴产业逐渐成为推动全球经济复苏和增长的主要动力。迈克尔·波特（Michael，2012）指出，"任何产业都有可能通过增加知识投入来提升其附加值"。因此，知识的价值越来越大，生产知识的科技工作越来越重要。谁在知识和科技创新方面占据优势，谁就能够在发展上掌握主动权，在国家安全上掌握制胜权，在国际竞争中获得更多的战略利益。面对世界科技发展的大潮，面对日趋激烈的国际竞争，我国只有加快技术创新，在技术创新和经济增长方面占据优势，才能掌握发展的主动权，才能更好地融入世界经济发展浪潮，在世界竞争中占据有利的地位。

2. 国内背景

自改革开放40年以来，我国经济发展取得了令人瞩目的成就，从2012年开始，我国经济总量居全球第二位，超越日本成为全球第二大经济体。但这些成就离不开大规模能源资源的消耗，离不开低人力成本的大量投入，是以牺牲自然环境为代价的粗放式经济发展模式。原有的靠高投入高消耗的经济发展模式已不能适应经济发展的需要，迫切需要实现经济发展模式的转变，将经济增长的动力由要素和投资驱动转向创新驱动。

进入知识经济时代，知识在经济社会发展中的作用日益突出，国民财富的增长和人类生活的改善越来越依赖于知识的积累和创新。创新在经济发展中的作用比以往任何时候都显得重要。党的十九大报告中指出，"创新是引领发展的第一动力，是建设现代化经济体系的战略支撑"。在 2018 年的政府工作报告中，明确提出要加快国家创新体系建设，说明国家对创新战略的考量已从产业、政策层面逐步上升到了国家、制度层面，重视程度得到大幅的提升。我国为了将创新战略落到实处，政府出台了一系列鼓励创新的政策文件，2016 年 5 月 20 日，中共中央、国务院发布《国家创新驱动发展战略纲要》，对创新驱动发展战略进行了顶层设计和系统谋划，是新时期推进创新工作的纲领性文件。2017 年，国务院下发《关于推广支持创新相关改革举措的通知》，进一步明确了支持创新的各项具体措施，营造有利于创新的制度环境。在国家创新政策的引领下，各地区也相继出台了多项激励创新的具体措施，在国家对创新高度重视下，我国的创新能力和创新质量是否得到了提升呢？

根据国家统计局相关统计资料显示，2017 年我国共投入 R&D 经费[①] 17606 亿元，其中，企业经费 13660.2 亿元，占比 77.6%，我国发明专利申请量为 138.2 万件，其中，企业发明专利申请量所占比重为 63.3%，说明我国企业已成为技术创新的执行主体。企业是市场经济的主要参与者，创新与市场的结合点，只有以企业为主体，才能坚持技术创新的市场导向，加快科技成果的产业化，促进经济发展方式的转变，提高企业竞争力。企业进行技术创新的意愿和技术创新强度将直接决定国家创新驱动发展战略能否顺利实施。

那么目前我国企业技术创新的情况如何呢？从国家总体情况来看，我国研发投入逐年递增，保持平稳的增长速度，根据欧盟委员发布的《2017 年欧盟工业研发投资排行榜》，我国研发投入在 6 年内增加了 18.8%，远远高于欧盟（7%）和美国的增长速度（7.2%），中国国家创新能力排名已从 2012 年第 20 位升至 2017 年第 17 位。但是，从研发强度来看，我国的情况不容乐观，截至 2017 年，我国 R&D 经费占国内生产总值的比重为 2.13%，明显低于欧盟 3% 的标准和我国"十三五"2.5% 的目标；从企业研发情况来看，虽然我国企业创新

---

① 一般指研究与试验发展经费。

投入持续增加，但与世界一流企业相比，我国企业在创新方面还有很大的差距，根据《2018 年中国企业 500 强发展报告》，中国企业 500 强的平均研发强度仅为 1.56%，远远低于国际公认的企业生存标准 2%；从研发成果来看，2017 年，最能衡量核心技术能力和创新能力的国内发明专利申请量和授权量占全部专利的比重不到 40% 和 20%。

2018 年，美国商务部禁止向我国电信设备制造商中兴通讯出售电子技术和元器件，中兴通讯一度陷入瘫痪状况。经过长达 4 个月的谈判，中兴通讯共支付了 14 亿美元的罚款才最终平息这场风波。中兴库存芯片数量只能维持 2 个月的订单量，对于芯片完全依赖进口的中兴通讯而言，芯片供应的中断，意味着此后中兴的业务将会陷入停滞状态。中兴通讯在全球通信设备行业排名第四、市值高达千亿元，但其芯片设计、研发、制造上远远落后于美国，缺少自主芯片，芯片完全依赖从美国进口，研发芯片是一个高投入、高风险、收益慢的行业，研发周期需要 10 年甚至更长的时间，中国占据了全球芯片消费量的 50% 以上，但是中国却缺乏核心的芯片技术，核心技术掌握在欧美国家手中。根据中兴通讯财务报告，2017 年中兴通讯研发投入为 129.6 亿元，研发强度 11.9%，在 A 股科技上市企业排名第一。中兴通讯事件之痛，让我们充分意识到核心技术只有掌握在自己手上，才能在竞争和发展中掌控主动权，技术创新才是企业实现的长足发展的根本，中国芯片的突围之路也是我国经济未来的发展之路。

"缺芯"之痛又何止一个中兴通讯事件，那么到底是什么因素制约了我国企业的技术创新活动呢？国内学者从不同的角度对技术创新的影响因素进行了分析，主要可归结为两类：一类是从企业内部角度，例如，企业产权性质、治理结构、公司战略、股权激励、企业规模、公司年龄、投资策略等因素；另一类是从企业外部角度，例如，政府补贴、金融发展、市场化进程等因素。近年来，随着我国金融发展水平的提高，企业经营发展过程中面临的融资难、融资贵问题尤其突出，国内外学者开始将外部金融市场发展情况与企业的技术创新投资决策联系起来进行研究，基于外部环境的视角来考察融资约束对企业技术创新的影响备受关注。布朗等（Brown 等，2011）研究发现，世界主要国家的企业几乎都存在融资约束问题。卢馨和郑阳飞（2013）、沈红波和寇宏（2010）通过我国上市公司的数据实证发现，我国企业普遍存在融资约束现象。技术创新相比于普通的投资，资金投入更大、研发周期更长、投资回收更慢、风险更大，那么融资约束问题是否抑制了企业的技术创新活动呢？

技术创新活动作为一种投资活动，离不开融资的支持，保持技术创新所需资金是技术创新活动顺利进行的基础条件。企业的研发创新活动，在很大程度上依赖于企业能否获得充足的外部股权融资和债务融资（Brown 等，2009；Ang 等，2014）。面对技术创新这种投入较大的投资，企业面临最大的障碍就是资金的限制，很多技术创新项目受制于资金的约束而最终搁置。在完美的资本市场上，信息是完全对称的，不存在交易费用和融资成本，企业可以很容易地从资本市场上筹集所需资金。但是，现实的资本市场往往由于信息不对称、道德风险和逆向选择等问题导致存在融资约束问题，增加了企业外部融资成本和难度。同时，我国经济还处于转型期，资本市场发展还不成熟，存在结构性缺陷，各种法律法规和制度体制还不完善，也造成了企业融资渠道不稳定、融资成本高、融资效率低的问题。

为了增强我国的核心竞争力，提高技术创新能力，目前我国正在大力发展和培育战略性新兴产业。战略性新兴产业主要集中在高端制造业、信息技术、生物制造、新材料能源等行业，这些行业将决定中国在世界竞争中占据有利地位的主要行业。战略新兴产业的灵魂在于技术，没有技术创新就没有战略性新兴产业，所以战略性新兴产业的技术创新能力事关我国总体创新能力。《中华人民共和国国民经济和社会发展的第十三个五年规划纲要》中明确强调：要支持战略性新兴产业发展，抢占未来竞争制高点，使战略性新兴产业增加值占国内生产总值比重达到 15%，充分说明战略性新兴产业对于我国经济发展的重要性。在此背景下，以战略性新兴产业为样本研究融资约束对技术创新的影响已成为国内学者和政策制定者重点专注的问题。

（二）研究意义

1. 理论研究意义

（1）有助于完善企业融资约束理论。目前关于融资约束的研究大多采用欧拉投资方程，并基于投资—现金流敏感度来进行研究，但后来学者发现投资—现金流敏感度衡量企业融资约束程度存在一定的不足和局限。本书采用指数

（KZ）^① 对企业面临的融资约束程度进行测度，在此基础上来研究融资约束与技术创新活动的关系，有助于拓展融资约束影响企业微观行为的机制，丰富和完善企业融资约束理论。

（2）有助于丰富企业创新影响因素的研究。关于技术创新影响因素问题研究可以分为两类：一类是从微观层面研究融资约束对技术创新的影响；另一类是从宏观层面研究政府补贴、经济政策不确定性、制度因素等外部政治经济环境对技术创新的影响，但缺乏将宏微观因素结合起来进行的创新影响因素研究。事实上，经济政策不确定性、政府补贴和制度环境等外部政治经济因素均是通过影响企业的外部融资环境进而影响企业的融资约束，最终影响企业的技术创新活动。本书在研究融资约束与技术创新的关系时，将政府补贴、经济政策不确定性、制度环境等外部环境作为融资约束与技术创新负向关系的调节变量，有助于完善企业创新的宏微观机制分析，丰富企业的创新影响因素研究。

（3）从微观角度丰富了金融影响经济增长的理论。经济增长始终是由微观企业推动的，宏观经济的变动最终仍要落实到企业动机和具体行为上来。创新作为引领发展的第一动力，在经济增长中发挥着越来越重要的作用，创新投入是一项越来越重要的投资，也是现代经济中生产力增长的关键要素。本书基于微观视角研究融资约束与技术创新的关系，不仅从微观层面为金融发展影响经济增长的路径提供了新的理论依据，而且为宏观政策的传导机制及产生的投资驱动效应提供了企业层面的微观证据，丰富了金融与经济增长的相关理论。

2. 现实研究意义

（1）为政府引导企业进行技术创新提供更多的有利证据。创新是引领发展的第一动力，是建设现代化经济体系的战略支撑。尽管我国企业已成为技术创新的执行主体，企业的技术创新活动对我国创新驱动发展战略的实施具有重要的意义，但目前我国企业技术创新的积极性并不高，我国总体技术创新投入与欧美发达国家还有很大的差距，而技术创新在很大程度上依赖于企业获得外部融资的多少。那么资金因素是否制约了企业技术创新活动？考察融资约束与技

---

① 卡普兰和辛格尔斯（Kaplan 和 Zingales）于 1997 年在 *Quaterly Journal of Economics* 发表的 *Do investment-cash flow sensitivities provide useful measures of financing constraints?* 一文中阐述了测度融资约束的基本方法，被简称为 KZ 指数。

术创新的关系，有助于推动政府制定有利于企业技术创新的财政金融政策，营造良好的创新环境，激发企业的创新积极性，为政府引导企业进行技术创新提供更多的有利证据。

（2）有助于指导我国企业优化融资结构。创新本质上是由微观企业实施的经济行为。然而，我国企业普遍存在融资约束问题，融资难、融资贵一直是困扰我国中小企业发展的重要问题，技术创新投资由于其外部性、高风险性和不确定性等特征导致外部融资更加困难。本书采用微观层面的上市公司数据，围绕融资约束对创新投入和产出的影响问题，进行理论分析和实证检验，有利于企业经营管理者更深入地理解融资方式、融资结构影响企业技术创新的机理，从而通过合理配置外部金融资源，运用多种金融工具，不断调整优化企业的融资结构，缓解企业的融资约束问题，确保企业技术创新资金的可持续性和稳定性，增强企业创新活力。

（3）为战略性新兴产业的发展提供重要的指导意义。目前关于融资约束与技术创新的文献大多从整个产业的角度进行研究，没有考虑每个产业独有的特点。而事实上，每个产业具有不同的发展特征。战略性新兴产业以技术创新为核心，是我国技术创新的核心力量。承担着我国技术创新的主要任务，对我国经济发展具有重要的意义，相比其他行业而言，技术创新对战略性新兴产业的意义更加重要，随着我国经济步入新常态，战略性新兴产业的发展已成为我国经济结构调整和产业结构升级的重要支撑。然而，战略性新兴产业大多为中小型企业，面临较为严重的融资约束问题，那么如何破除这些企业技术创新过程中的融资问题，将关系我国技术创新能力的全面提升，研究战略性新兴产业的融资约束与技术创新问题对于促进我国战略性新兴产业的发展具有重要的指导意义。

（4）有助于我国更好地实施创新驱动发展战略。目前世界各国几乎不约而同地加大创新投入，把创新驱动的新兴产业作为经济增长的新引擎，科技作为第一生产力的作用越来越重要。按照钱纳里（Chenery，1969）的工业化阶段理论，资源、效率和成本边际效应将逐步递减，技术创新对经济社会发展的先导作用会日益凸显。当前，中国经济进入了新常态，其基本特征就是经济由高速增长转向高质量发展阶段。为了顺利实现经济转型，确保我国经济的持续健康发展，必须尽快转变经济发展方式、优化经济结构、转换增长动力，走创新驱动发展的道路，为此，党的十八大明确提出了创新驱动发展战略。习近平（2013）指出，"真正的核心技术是买不来的。正所谓'国家利器，不可以示人'。只有拥有强大的科技创新能力，才能提高我国国际竞争力"。在此背景下，研究我国企业的技术创新活动是否受到融资约束的制约以及如何识别我国技术创新的融资渠道和融资来源，可以为改善企业的融资环境，扫除技术创新过程中的障碍，制定相关创新政策来促进实体经济发展提供理论支撑。

二、国内外研究综述

（一）战略性新兴产业的相关研究

战略性新兴产业是根据我国经济发展特点提出的新概念，国外并没有这一名词。目前战略性新兴产业的研究主要集中于概念的界定、发展特征、技术创新能力等方面。

1. 战略性新兴产业的内涵及发展特征研究

关于战略性新兴产业概念的界定，目前我国理论界还没有统一的定义，学者都是基于不同的视角对战略性新兴产业进行定义。一种观点是从全局性和导向性特征对战略性新兴产业进行定义，强调战略性新兴产业对产业结构升级和经济社会发展的战略性目标的作用（朱瑞博，2010；周晶，2011）；另一种观点则重点强调战略性新兴产业的技术性特征，认为战略性新兴产业应同时兼备"战略技术"和"新兴技术"特征（赵洪江等，2005）。关于发展特征布局的研究，现有文献集中于研究战略性新兴产业的空间分布特征和集聚特征，认为我国战略性新兴产业在空间上表现出集聚性，省份之间存在空间异质性（李金华，2015；王宏起等，2013；杨英，2012；吕岩威，2013；张琳彦，2015）。

2. 战略性新兴产业的技术创新研究

战略性新兴产业的灵魂为技术创新，没有技术创新就没有战略性新兴产业，现有文献集中研究了战略性新兴产业的技术创新能力、创新效率和影响因素。这些研究可以分为两类：一类是从战略性新兴产业创新能力和效率方面进行研究，大多认为我国战略性新兴产业的效率不高，杨源源（2018）采用 DEA-Malmquist 测算了我国战略性新兴产业的全要素生产率，发现大部分企业全要素生产率偏低，呈低端化演进趋势，而融资约束是影响全要素生产率的重要原因；吕岩威（2014）认为，战略性新兴产业技术进步速度较快，但技术效率偏低，呈现波动性特征；另一类则侧重于研究战略性新兴产业技术创新效率的影响因素和提升路径，赵玉林（2014）基于改进 Wurgler 方法测算了战略性新兴产业的资本配置效率，发现战略性新兴产业整体效率不高，提出要重点缓解行业的融资约束、从而提升行业技术效率；石璋铭（2015）认为，银行业竞争可有效缓解战略性新兴产业面临的融资约束，进而促进产业技术创新；陆国庆（2014）发现创新补贴可以激励企业创新，但补贴方法和效率有待改进；孙早（2015）发现股权结构和激励方式对创新投入有显著影响，可以有效激励企业进行创新。

（二）技术创新融资相关研究

1. 技术创新的融资状况研究

技术创新是一国经济发展的动力，关于技术创新的融资状况研究也是各国研究的重点，这些研究基本上是围绕技术创新的特点来研究技术创新的外部融资问题，大多认为技术创新外部融资难、融资成本高。巴塔查里亚和里特（Bhattacharya 和 Ritter，1980）、切拉托（Scellato，2007）、乌盖托（Ughetto，2008）、察尔尼茨克等（Czarnitzki 等，2011）认为，研发项目的外部资金相对稀缺，主要是因为研发的不确定性和研发的战略性质，会限制管理者向外部投资者揭露研发项目的相关信息，以防止他们向竞争对手披露，进而造成了融资过程中的信息不对称。霍尔（Hall，2002）指出，尽管采用了知识产权保护、政府补贴和税收激励等措施，技术创新仍然很难融资或融资成本很高，这是因为企业使用自有资金所需投资回报率与外部投资者要求的回报率之间往往存在较大的差距，导致外部资本的成本过高，一些创新项目甚至无法从外部融资。布朗（Brown，2011）认为，由于创新活动的产出具有非专有性、不可分割性和不确定性特点，导致社会最优投资水平远远高于私人最优水平，严重阻碍了企业将全部内部资金用于研发。李等（2011）认为，与普通资本投资相比，研发投资更加缺乏灵活性，面临融资约束的研发密集型公司更有可能暂停或中止研发项目，导致研发密集型企业的风险随着融资约束程度的增加而增加。米娜等（Mina 等，2013）认为，创新活动的不确定性会对金融供应产生负面影响，这与企业承担风险项目的预期有关，由此导致更高的外部资本成本，并且可能获得次优的外部金融资源。王山慧（2013）以我国上市公司为样本研究了 R&D 投资的融资约束问题，发现我国 R&D 投资普遍存在融资约束问题，且国有企业 R&D 的融资约束状况明显低于非国有企业，成长期公司比成熟期公司面临融资约束更严重。周月秋（2016）认为，创新投入回收周期长，资金需求周期与传统融资方式资金回收周期不匹配，导致传统的融资方式难以满足创新型企业的资金需求。

2. 技术创新的融资渠道研究

技术创新融资渠道分为内源融资和外源融资。国外很多学者基于技术创新的融资渠道进行了研究，这些研究基本可以分为两类：一类是研究内部现金流与企业技术创新的关系，另一类是研究外源融资与企业技术创新的影响。

内部现金流与企业技术创新关系的相关文献，基本上是以融资约束理论为基础，通过投资—现金流敏感性来研究内部现金流对技术创新的影响，自法扎里等（Fazzari 等，1988）提出，采用投资—现金流敏感性来测度企业面临的融资约束后，该方法随后扩展到创新投资和其他投资领域，以寻求在现金流角度上更强的融资约束理论支撑。在此理论基础上，大量学者开始通过实证研究内部现金流对技术创新投资的影响，但各个国家不管是资本市场发展状况还是创新投资的特征都存在很大的区别，由此导致以不同国家为样本来研究融资约束与技术创新的关系时，得到的结论存在一定的差异。霍尔（Hall，2016）认为，正是因为创新投资从外部筹集资金存在困难，企业主要依靠内部融资进行创新。霍尔（Hall，1992）、希梅尔伯格和彼得森（Himmelberg 和 Petersen，1991）、布朗（Brown，2010）、何（He，2016）均以美国企业为样本进行了研究，发现研发投资与内部现金流量之间存在显著的正相关关系；马尔凯等（Mulkay 等，2000）对比了美国、法国和日本的创新投资对现金流的敏感性，发现美国企业创新投资对现金流的敏感性要显著高于法国和日本的企业；哈霍夫（Harhoff，2000）发现，德国企业的研发投资与现金流之间存在统计上显著但微弱的关系。Bond（2003）发现，德国和英国公司的研发投入与现金流之间没有显著的关系；布洛赫（Bloch，2005）发现，丹麦企业的 R&D 投资支出受到内部现金流的显著影响，R&D 投资存在投资—现金流敏感性；王山慧（2013）认为，我国上市公司的 R&D 投资明显依赖内部现金流，存在投资—现金流敏感性。

关于技术创新外部融资来源的相关文献，大多基于欧拉投资方程进行研究，通过比较各种外源融资形式的优劣来分析企业技术创新主要依赖的融资渠道。布朗等（Brown 等，2011）认为，股权融资可以使股东分享企业的盈利与增长，没有抵押品的要求，股权的增加不会引致企业财务困境相关的问题，因此，股票发行成为技术创新的主要外部融资渠道（Brown 等，2009）；约沙（Yosha，1995）发现，美国证券交易所上市的研发密集型公司倾向于使用股权融资方式融资，而在以色列上市的公司则更多地依赖银行融资和政府融资。阿吉翁等（Aghion 等，2004）使用英国企业的数据发现，进行研发的公司比不研发的公司更倾向于使用债务融资，但债务融资额随着研发强度的上升而下降，而发行新股票的概率随研发强度的上升而上升。然而，科拉伊奇克和利维（Korajczyk 和 levy，2003）发现，企业外部融资方式的选择还与宏观经济因素有关，无融资约束的企业可以按照经济周期的变化灵活地选择融资方式，而面临融资约束的企业只能被动地接受可以获得的融资方式。

以上文献是基于发达国家成熟的资本市场进行的研究发现：技术创新与融资渠道的关系在不同国家之间存在差异，而我国作为发展中国家，在资本市场发达程度，信息不对称以及经济发展水平等方面与发达国家存在明显的差异性。随着我国金融市场的发展，我国企业技术创新融资渠道的研究开始引起广泛关注，然而技术创新的融资渠道并没有得到一致的结论。卢馨（2013）和刘振（2011）以我国高新技术企业上市公司为样本进行研究，发现高新技术企业研发的资金来源为内部现金流和股票融资，负债并不适合 R&D 投资；岳怡廷和张西征（2017）认为，我国国有企业技术创新的资金来源于政府补助，而非国有企业的资金来源为内部融资；鞠晓生（2013）认为，股权融资不是我国上市公司创新投资的主要来源，而内部资金才是创新投资的主要融资渠道；李汇东（2013）等认为，我国上市公司的外源融资比内源融资对创新投资的促进效应更大，在外源融资中，首先是政府补助的影响最大，其次是股权融资，而债权融资的影响不明显；孙早和肖利平（2016）以我国战略性新兴产业为样本，发现内部融资对技术创新的促进作用大于外部融资，在外源融资中，股权融资的促进作用最大，债权融资抑制了企业的自主创新。

3. 技术创新投资的平滑机制研究

基于多个国家的数据表明，技术创新在长期内保持了稳定的增长趋势，那么为什么技术创新投资可以保持稳步增长？通过什么机制促使技术创新稳步增长？在技术创新融资渠道研究的基础上，学者基于这两个问题，开始了大量的理论和实证研究。关于技术创新保持增长的原因，学者认为主要是受到技术创新高调整成本程度的影响，由于调整成本高，那些研发强度高的公司通过保持研发投资的平稳，可以节省大量调整成本（Brown，2011；Shin 和 Kim，2011）。

关于技术创新保持稳定的机制，现有文献主要从平滑机制的角度进行研究，认为在融资来源发生波动时，平滑机制的存在可以使技术创新投资保持稳定。关于平滑机制，现有文献中归纳为两种观点：第一种观点是考虑现金持有在技术创新过程中的平滑作用，企业通过现金持有可以最大限度地减少投资项目在未来获得昂贵的外部融资的需求（Kim 等，1998），且未来增长机会相对于当前机会的重要性越大，现金囤积就会越多（Almeida 等，2004），假定未来现金流不能被完全对冲，且收益率曲线为凸的，那么现金流波动性越大，最优的预防性现金存量就越大（Han，2007）。布朗等（Brown 等，2011）认为，研发总体上保持平稳的原因为研发密集型公司成功建立和利用了现金储备，以避免主要融资来源的变动对研发投资的冲击。奥普勒等（Opler 等，1999）发现，现金持有量随着研发强度而增加。施罗斯和萨莱（Schroth 和 Szalay，2010）认为，现金储备对企业技术创新至关重要，现金储备不仅可以保证技术创新项目未来的资金投入，而且在参与技术创新竞争时，可以为战胜竞争者提供资金保证。公司持有的现金越多，公司就越有可能在技术创新竞争中战胜竞争对手。徐进和吴雪芬（2017）以我国高科技上市公司为样本发现，现金持有对研发支出具有平滑作用，且外部融资对这种平滑作用可以起到调节效应。吴淑娥等（2016）以我国生物医药制造业为样本研究发现，现金持有可以平滑研发投资，但发行股票和关系型债务融资均可弱化现金持有的平滑作用。第二种观点是考虑营运资本在技术创新投资中的平滑作用，鞠晓生（2013）采用中国 1998~2008 年非上市工业企业的数据发现，营运资本在研发支出中起到平滑作用，可以使创新投资保持平稳。

(三) 融资约束与技术创新关系的相关研究

1. 金融发展对技术创新的影响研究

创新和金融发展都是影响一国经济可持续发展的核心因素。进入 21 世纪，技术创新在国家综合竞争力中凸显出越来越重要的位置，而金融约束因素也越来越成为企业发展过程中的重要障碍，基于此，学者开始探讨金融发展对于企业技术创新的影响，这些文献基本肯定了金融发展在技术创新过程中的积极作用（Beck 和 Levine，2002；Gertler 和 Gilchrist，1994；Diamond，1984），但关于具体的传导机制还没有得到统一的结论。一种观点认为，金融发展通过缓解企业面临的融资约束，即降低融资成本和拓宽融资渠道，进而促进技术创新（Rajin 和 Zingales，1998；Borisova 和 Brown，2013；Kunt 和 Levine，2008）；另一种观点认为，金融发展通过提高资本配置效率来促进技术创新（Hwang 等，2010）。

随着我国金融业的发展，国内学者开始研究金融发展与技术创新的关系，大多数学者认为金融发展总体上可以有效地促进技术创新（贵斌威，2013；丁一兵，2014；王山慧，2013；解维星，2011），但具体影响方式还与行业属性和企业属性有关。贵斌威（2013）以我国 2001～2007 年 30 个省份的金融业和制造业数据进行实证发现，金融发展对融资依赖度高和抵押能力弱的行业的技术创新促进作用更强。姬广林（2017）以我国 31 个省份数据为样本发现，资本市场可以有效地促进外源融资依赖度高行业的技术创新活动，而信贷市场可以有效地促进高资本密集度行业的技术创新。丁一兵（2014）认为，金融发展对于高研发强度和生产率增长更快行业的影响程度更大。可以看到，国内文献主要集中于从宏观的角度研究金融发展与技术创新的关系，缺乏对其微观机制的深入探讨，而事实上，技术创新始终是微观企业的行为，金融发展对技术创新的传导机制最终仍要落实到企业动机和具体行为上来。

2. 融资约束对技术创新的影响研究

研发投入为技术创新过程中的最重要的投入，融资约束会影响企业在研发上的支出（Hall 和 Lerner，2010；Czarnitzki 等，2011；Bond，2003），但融资约束影响技术创新的具体机制还存在分歧。迈尔斯和马吉卢夫（Myers 和 Majluf，1984）从融资约束产生的原因进行研究认为，R&D 投资中的信息不对称导致现有股东与新 R&D 投资人之间存在利益冲突，这种利益冲突会阻碍企业开展理想的 R&D 项目。坎佩洛（Campello，2010）从融资约束导致的直接后果研究了融资约束与技术创新的关系，通过分析欧洲、美国、亚洲等 39 个国家在金融危机期间投资的调查数据发现金融危机加重了企业的融资约束，迫使企业通过变卖资产、从信贷额度中提现等筹集资金的方式来应对可能出现的融资问题，融资约束直接阻碍了企业对有价值项目的投资，使企业削减更多的投资、技术、营销和雇佣费用。马库斯（Maskus，2012）以经合组织 18 个国家工业为样本，从外部融资的角度分析了融资约束对研发强度的影响，发现国内金融业的发展和融资渠道的拓宽，能显著提高研发强度。

但融资约束对技术创新的影响程度与行业和时间等因素有关，布朗（Brown，2012）以美国企业为样本，发现融资约束对技术创新的影响主要存在于年轻、小型和非股息支付公司。席尔瓦和卡雷拉（Silva 和 Carreira，2012）以葡萄牙的公司为样本，发现不进行技术创新和没有收到补助的公司，面临的融资约束更大，创新活动受到融资约束的严重制约。戈罗德尼琴科（Gorodnichenko，2013）以覆盖 27 个转型国家的商业环境和企业绩效调查（BEEPS）数据研究发现，融资约束明显地限制了转型国家的企业创新，且内资企业比外资企业受到的影响更大，主要是因为内资企业比外资企业面临更严重的融资约束从而技术投入不足，技术进步速度及追赶前沿技术的速度慢。霍尔（Hall，2016）指出，由于金融市场的变化，融资约束对欧洲企业 R&D 的影响可能会随着时间的推移而发生变化。

我国学者对融资约束影响企业技术创新的研究集中于采用我国上市公司的数据进行实证检验，严若森（2019）以中国 A 股高新技术上市企业为样本进行研究，发现融资约束负向影响企业的创新投入，政治关联对融资约束与企业研发投入之间的负向关系能够起到正向调节作用。卢馨（2013）以我国高新技术企业上市公司为样本，发现高新技术企业上市公司存在融资约束，且融资约束明显抑制了 R&D 投资。张杰等（2012）采用我国上市公司的数据进行实证，发现融资约束对民营企业的 R&D 投入存在明显的抑制作用。以上研究大多以适用于普通投资的融资约束理论为理论基础，没有考虑技术创新特点，而技术创新区别于普通的投资，具有不确定性、外部性和高风险等特点。

（四）外部融资政策对技术创新影响的相关研究

按照（MM）理论[①]，在完美的资本市场中，企业的投资决策与融资方式无关，投资决策是由投资机会所决定，那么外部政策的变化对企业的技术创新投资不会产生影响。但是，现实资本市场中存在信息不对称，由此导致道德风险、逆向选择等问题，难以满足（MM）的假定，那么外部政策不可避免地对企业技术创新投资造成影响。现有文献在研究技术创新的外部政策时主要考虑经济政策的不确定性、政府补贴、制度环境等因素。

1. 政府补贴对技术创新能力的影响

政府补贴政策主要是通过政府资助缓解企业技术创新面临的融资约束，进而激励企业进行技术创新，从而使企业的创新投入增加。政府补贴主要使用直接补贴和税收优惠两种政策工具。直接补贴，旨在抵消财务约束对私人研发活动的负面影响（Blanes 和 Busom，2004），关于直接补贴的作用，学者基于其收入效应和挤出效应进行了研究，一种观点认为，直接补贴的收入效应大于挤出效应，直接补贴可以发挥促进企业技术创新的作用（白俊红，2011；李永等，2014；杨洋，2015；Sissoko，2011），另一种观点认为，如果挤出效应作用过

---

① 由美国莫迪利亚尼和米勒（Modigliani 和 Miller）教授于 1958 年 6 月发表于《美国经济评论》的《资本结构、公司财务与资本》一文中所阐述的基本思想被简称为 MM 理论。

强，政府补贴难以发挥对技术创新的促进作用，因为创新补贴用于非创新项目，挤占了创新要素，影响了创新投入（Stucki，2014；柳光强，2016）。

在税收优惠方面，部分学者肯定了税收优惠对技术创新中的促进作用。鲍里索娃和布朗（Borisova 和 Brown，2013）认为，降低研发密集型企业的所得税税率或政府贷款担保可有效促进企业的研发活动，尤其在资本市场不发达的国家，研发面临的融资约束更为严重，这些政策将会更加有效。而补贴的影响可能呈倒"U"形，还有一些学者认为，税收优惠并不能起到对创新的正向促进作用，难以产生预期的积极创新效应（王春元和叶伟巍，2018）。政府补贴与税收优惠可以结合使用，雷根强和郭玥（2018）通过政策评价的方法系统评估了高新技术认定政策对企业技术创新的微观政策效应，发现高新技术企业认定政策通过税收优惠和政府补助两个路径提升了企业的创新能力，但对国有企业和成长期的企业激励效果更大。贝克尔（Becker，2015）认为，税收抵免是更有效的短期政策选择，而直接补贴则是更有效的中长期政策，如果协调使用这两种政策工具可能会产生更好的效果。

2. 经济政策不确定性对技术创新能力的影响

经济政策不确定性对企业技术创新的影响存在两种观点：一种观点认为，经济政策不确定性对技术创新可以产生激励效果，这是因为经济政策不确定性代表着未来存在增加收益的机会（顾夏铭等，2018），在追求利润的动机下，不确定性有利于企业增加研发投入（Knighe，1921）；另一种观点认为，经济政策不确定性通过实物期权理论抑制企业的技术创新活动（郝威亚，2016）。

3. 制度环境对技术创新能力的影响

随着我国市场化改革的逐步深入，国内很多学者开始研究制度环境对技术创新的影响，大部分学者肯定了制度环境在我国技术创新过程中的积极作用，认为市场化水平的提高总体上有利于技术创新活动（樊纲和王晓鲁，2011；戴魁早和刘友金，2013；李平和刘雪燕，2015；曹琪格，2014），但是具体哪些制度在技术创新中发挥了推动作用，还没有得到一致的结论。制度环境中对技术创新影响最大的制度为知识产权保护制度，知识产权保护主要通过降低公司对市场不确定性的敏感度，提高创新的专有性，缓解外部融资过程中的信息不对称，刺激当前的研发投资，促进企业创新（Allred 和 Park，2007；吴超鹏和唐菂，2016）。

（五）文献评述

从以上文献可以看到，目前融资约束和技术创新是研究的重点问题，在实证中得到了广泛的关注。关于融资约束与技术创新的研究从其概念界定到影响机理，再到融资约束对技术创新的实证研究的发展进程中，可以清楚地看到，融资约束具有深厚的理论基础，技术创新具有强烈的时代特征，两者的关系是研究的重点，已有研究成果为后续研究奠定了良好的基础，提供了参考与借鉴，但仍然具有一定的局限，主要体现在以下几个方面：

1. 基于我国企业融资约束与技术创新的研究有待深入

融资约束理论起源于西方，以上文献大多是基于发达国家成熟的资本市场进行的研究，伴随我国金融业的发展，我国很多学者开始研究我国技术创新的融资约束问题。我国作为发展中国家，在资本市场发达程度、信息不对称以及经济发展水平等方面与西方发达国家存在明显的差异性，所以基于西方国家样本得到的结论不一定适用于我国企业。目前我国研究融资约束与技术创新的文献大多通过投资—现金流敏感性来度量融资约束，进而分析技术创新的融资约束问题，而投资—现金流敏感性后被学者证实存在很多不足与局限。因此，在研究融资约束与技术创新的关系时，客观测度我国企业的融资约束水平至关重要。

2. 以我国战略性新兴产业为样本的创新研究有待充实

发展战略性新兴产业是我国增强自主创新能力、抢占经济科技制高点的战略选择。目前我国战略性新兴产业技术创新能力不够，融资约束问题突出，已影响到我国整体创新水平的提升。综观国内研究战略性新兴产业的文献，大多集中于研究技术效率和政府补贴，而研究战略性新兴产业的融资约束影响技术创新的文献较少。然而，金融因素是影响新兴产业发展的关键因素，战略性新兴产业的发展必须要有有效的融资体系的支持。在此背景下，研究战略性新兴产业融资约束对技术创新的影响，可以为制定培育和发展战略新兴产业的相关政策提供参考依据。

3. 融资约束对技术创新的影响效应研究还可增强

已有文献在研究融资约束对技术创新影响时，大多只关注创新投入，鲜有研究融资约束对技术创新产出的影响。然而，技术创新产出才是推动社会生产力发展的关键，特别是实质性创新（发明专利）。因此，融资约束对技术创新产出的影响才是社会关注的重点，鉴于以上考虑，融资约束对技术创新的影响效应该从技术创新投入延伸到技术创新产出，旨在全面分析融资约束对我国战略性新兴产业技术创新活动的影响。

4. 宏观层面分析融资约束与区域技术创新的研究并不多见

目前，从宏观层面分析融资约束与区域技术创新的文献大多是从金融发展的角度进行研究，金融发展以传统的银行贷款规模进行度量，随着金融的发展，金融机构、金融工具和金融业务逐步多元化，融资方式也呈现多样化，传统的银行贷款已难以全面反映社会融资总量。2011年我国开始公布社会融资规模，涵盖了银行贷款、股票融资、债券融资、银行表外融资等多种融资方式。因此，社会融资规模可以更全面地反映全社会的金融供给量，更客观地反映企业的外部融资约束程度，以社会融资规模来度量宏观层面的融资约束，并分析对区域技术创新的影响，可以为国家制定差异化的区域创新政策和融资政策提供理论支撑。

5. 将宏观和微观层面结合起来的融资约束与技术创新的文献较少

目前关于企业的创新问题研究有两类：一类是融资约束对技术创新的影响研究，但忽略了外部政治经济环境的影响；另一类是从经济政策不确定性、政府补贴以及制度环境的角度研究外部政治经济环境对技术创新能力的影响，但缺乏将融资约束与经济政策不确定性、政府补贴以及制度环境等外部政治经济环境结合起来进行的研究。事实上，技术创新在很大程度上依赖于企业获得外部融资的多少，而经济政策不确定性、政府补贴和制度环境均是通过影响企业的外部融资环境进而影响企业的融资约束，最终影响企业的技术创新活动。

三、研究思路和研究内容

（一）研究思路

本书沿着"融资约束与技术创新的理论概述→融资约束与技术创新现状分析→融资约束影响技术创新的实现条件分析→微观视角下融资约束对企业技术创新的影响分析→宏观视角下融资约束对区域技术创新的影响分析→融资约束下提升企业技术创新能力的实现路径"的思路，主要从以下七个方面展开研究：一是结合国内外背景和已有的研究文献提出了本书的研究问题，即融资约束对技术创新的影响研究；二是系统地梳理了融资约束与技术创新的相关文献，为后文的实证分析奠定了理论基础；三是本书对我国战略性新兴产业融资约束与技术创新的现状进行了描述性分析；四是本书从融资渠道的角度分析了融资约束影响技术创新的实现条件；五是从微观视角分析了融资约束对技术创新的影响，并基于战略性新兴产业的上市公司数据进行实证分析；六是从宏观视角分析了融资约束对区域技术创新的影响，并基于战略性新兴产业的省份面板数据进行了实证分析；七是分析了融资约束下技术创新能力提升的实现路径。最后根据前七章的分析结果得到研究结论与启示。

（二）主要内容

在实施创新驱动发展战略的背景下，国家大力发展战略性新兴产业，把技术创新投资作为国家重要的战略投资，作为带动经济社会发展的战略突破。而获得技术创新所需资金是技术创新活动顺利进行的基础条件，技术创新在很大程度上依赖于企业获得外部融资的多少。那么我国战略性新兴产业的融资问题是否制约了技术创新？本书通过阅读国内外大量融资约束与技术创新的相关文献，探究国内外研究需要进一步补充与完善之处，本书在对中国战略性新兴产业融资约束、技术创新的相关概念进行界定，对融资约束与技术创新的现状进行分析的基础上实证研究融资约束对技术创新的影响。首先，从融资渠道的角度分析融资约束是否影响技术创新；其次，利用战略性新兴产业上市公司和省级面板数据分别从微观和宏观视角分析融资约束如何影响技术创新；最后，提出融资约束下提升企业技术创新能力的实现路径。

在研究方法上有以下三个：

第一，采用静态与动态相结合的方法，对融资约束与技术创新的现状及动态变化进行全面系统的描述。

第二，理论分析和实证分析相结合的方法，本书首先梳理了融资约束和技术创新的相关理论，并对融资约束影响技术创新的机制进行了深入分析，在此基础上采用战略性新兴产业的宏微观数据进行了实证检验。本书采用的计量方法有面板排序模型、动态面板模型、面板计数模型、PVAR 模型、状态空间模型。

第三，宏观数据和微观数据相结合的方法，本书不仅从微观层面采用战略性新兴产业上市公司的数据研究了融资约束对企业技术创新的影响，而且从宏观层面采用战略性新兴产业的省份数据分析了融资约束政策对区域技术创新的影响。

通过以上研究，本书试图解决以下六组问题：

（1）我国企业是否存在融资约束？如果存在，那么我国战略性新兴产业的融资约束现状如何？是否存在地区差异？是否存在行业差异？

（2）我国企业的技术创新特征如何？是否存在地区差异？是否存在行业差异？是否存在企业差异？

（3）技术创新的资金渠道是什么？是否依赖外部资金？融资约束是否影响技术创新？

（4）微观视角下融资约束如何影响企业技术创新？这种影响是否具有选择效应？

（5）宏观视角下融资约束如何影响区域技术创新水平？这种影响是否随时间而发生变化？融资约束对技术创新的冲击效应如何反应？

（6）融资约束下，如何通过有效的路径提升企业的技术创新能力？

（三）结构框架

基于上述六组主要问题，全书共有七章，第一章为绪论；第二章为融资约束与技术创新相关理论，为后文实证分析奠定理论基础；第三章对我国企业融资约束与技术创新发展现状进行测定并定量描述；第四章从融资渠道的角度分析融资约束是否影响技术创新；第五章在微观视角下分析融资约束对企业技术创新的影响；第六章在宏观视角下分析融资约束对区域技术创新的影响；第七章为融资约束下提升企业技术创新能力的实现路径。

具体的章节内容安排如下：

第一章，绪论。本章首先对本书的研究背景和研究意义进行简要概述，其次对国内外的相关文献进行综述，再次提出本书的研究思路和研究内容，最后总结本书的创新之处。

第二章，融资约束与技术创新的相关理论。首先，本章对融资概念进行概述，包括融资的内涵、类别和方式，并针对主要的融资方式进行优劣对比；其次，详细阐述了融资约束的内涵、产生原因及相关融资理论；再次，阐述了技术创新的概念及相关理论，包括 Schumpeter 创新理论和新古典学派的创新理论；最后，介绍融资约束影响技术创新的投资决策模型，包括自由现金流折现理论和实物期权模型。

第三章，我国企业融资约束与技术创新现状分析。首先，本章对我国战略性新兴产业上市公司的融资约束现状进行总体分析，并从行业和区域特征方面进行对比分析；其次，对我国战略性新兴产业的技术创新特征进行分析，并从行业差异、区域差异、企业差异的角度进行了对比研究。

第四章，融资约束影响技术创新的形成渠道分析。首先，本章从理论上分析融资渠道影响技术创新的机理，通过分析技术创新的融资渠道来研究融资约束是否影响技术创新；其次，采用战略性新兴产业的数据从内源融资和外部融资两个融资渠道分别检验了技术创新投资的资金来源，以明确技术创新是否依赖外部融资，从而分析融资约束是否影响技术创新。

第五章，微观视角下融资约束对企业技术创新的影响。首先，本章阐明了融资约束影响技术创新的理论机制；其次，采用我国战略性新兴企业上市公司2009~2017年的R&D数据、专利申请数据和融资约束指数等数据，构建面板模型考察融资约束对技术创新的影响，并根据产权性质、行业性质等企业属性将样本进行分类检验，以分析融资约束对技术创新的影响在不同类型的企业之间是否具有选择效应；最后，进行稳健性检验。

第六章，宏观视角下融资约束对区域技术创新的影响。首先，本章对宏观视角下的融资约束进行界定；其次，在宏观融资约束影响区域技术创新机制分析的基础上，采用宏观数据通过状态空间模型分析融资约束对技术创新的状态效应，并通过PVAR模型分析融资约束对区域技术创新的动态冲击。

第七章，融资约束下提升企业技术创新能力的实现路径。首先，本章从企业内部探讨如何保持技术创新所需资金，维持创新的可持续性；其次，从技术创新的外部政治经济环境出发，研究政府如何制定有效的政策来缓解融资约束与技术创新的负向作用，最终促进融资约束下企业技术创新能力的提升。

（四）技术路线

本书研究融资约束对技术创新影响的技术路线如图1-1所示：

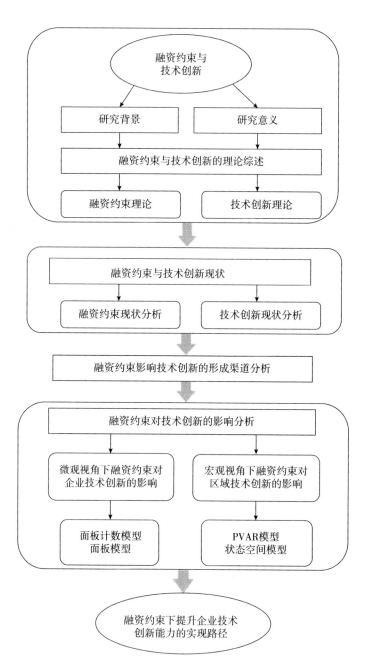

图1-1　本书的技术路线

四、创新之处

本书具有以下五点创新之处：

第一，本书从实物期权的角度为融资约束与技术创新的关系提供了新的理论解释，并采用我国战略性新兴产业的数据进行了实证检验。在以往的文献中，大多采用适用于普通投资的融资约束理论来解释融资约束对技术创新的影响，但是由于技术创新活动区别于一般的投资活动，具有不确定性、外部性、高风险性和高调整成本等特点，使融资约束对技术创新活动的影响不同于对其他投资活动的影响。

第二，本书揭示了外部政治经济环境在融资约束与企业技术创新负向关系中的调节作用，为宏观政策的实施提供了新的落脚点和关注点，从而实现了宏观政策和微观行为的连接，为宏观政策的传导机制及产生的投资驱动效应提供了企业层面的微观证据。这区别于以往研究微观行为时，忽略了宏观政策的影响，或者研究宏观政策时，缺乏微观层面的证据。

第三，本书从制度环境的视角揭示了市场化水平是造成技术创新能力区域差异的重要因素，市场化水平越高的地区，融资约束对技术创新的抑制作用越小，市场化水平越低的地区，融资约束对技术创新的抑制作用越大。

第四，本书揭示了我国战略性新兴产业融资约束的总体状况、行业差异、区域差异和动态演化特征，为因地制宜地制定差异化的融资政策和创新政策提供了政策依据。

第五，在研究样本上，本书同时采用宏观数据和微观数据，既从微观层面分析了企业面临的融资约束对技术创新的影响，也从宏观层面分析了外部融资约束政策对区域技术创新的影响，宏微观相结合，全面系统研究了融资约束对技术创新的影响。

第二章

融资约束与技术创新的相关理论

技术创新活动作为一种投资活动，离不开融资的支持，保持技术创新所需资金是技术创新活动顺利进行的基础条件。目前，我国经济还处于转型期，资本市场发展还不成熟，存在结构性缺陷，各种法律法规和制度体制还不完善，企业融资渠道不稳定，融资成本高、融资效率低，融资约束问题将是我国企业需长期面临的关键问题。那么研究融资约束与技术创新的关系，对于目前充分认识技术创新过程中出现的问题，并突破技术创新的障碍具有重要的现实意义。本章首先对融资约束与技术创新的相关概念进行界定，并在此基础上梳理融资约束与技术创新的相关理论，为后续研究融资约束与技术创新的关系提供坚实的理论基础。

第一节　融资约束理论

一、融资的概念

（一）融资的内涵

融资是资金融通的简称，一般有广义和狭义之分。广义上的融资是指资金从资金供给方流向资金需求方的动态运动过程，是资金的双向互动过程，这个过程既包括资金需求方的资金融入，也包括资金供给方的资金融出。而狭义上的融资是从资金的需求方的角度进行考虑，是一个企业进行资金筹集的行为与过程，只包括资金的融入，不包括资金的融出，是企业为保证当前和未来的生产经营过程，结合企业资金和现金流状况，通过科学预测和安排，运用各种方式向外部投资者或债权人进行资金筹集的过程。《新帕尔格雷夫经济学大辞典》中对融资的定义为：融资是指为支付超过现金的购货款而采取的货币交易手段，或为取得资产而集资所采取的货币手段。可以看到，《新帕尔格雷夫经济学大辞典》中融资的定义为狭义上的定义，平常所说的"融资"，基本为狭义上的融资，本章采用狭义上的融资，即站在资金需求方的角度考虑资金筹集和资金融入过程。

（二）融资的类别和方式

按照筹集资金是否来源于企业内部划分为内源融资和外源融资。内源融资是指依靠企业内部积累进行的融资，资金的来源主要由留存收益和折旧构成，实质上是企业不断将自有资产或经营过程中所积累的部分资金转化为投资的过程。虽然内源融资具有低成本、自主性、抗风险性等优势，但受制于企业自身生产规模、经营业绩等因素，企业自有资产的价值或生产经营过程中积累的资金往往是有限的，一般情况下内源融资很难满足企业自身发展需要。外源融资是指企业通过一定渠道和方式从企业外部筹集资金用于生产经营。外源融资一般需要通过金融媒介机制完成融资，融资来源呈现多样化，平常所说的融资大多指的是外源融资。外源融资可以划分为以下两类。

1. 直接融资与间接融资

按照是否借助金融中介来完成融资交易活动将外源融资划分为直接融资和间接融资。

直接融资是指企业直接与资金供给方进行交易，不需要金融中介机构介入的融资方式。在直接融资中，资金需求方的企业直接与资金供给方进行协商，或资金供给方直接在金融市场购买资金需求方企业发行的股票，从而将资金提供给资金需求方。金融中介的功能是帮助资金需求方和供给方形成债权债务关系或股权关系，但金融中介并不与任何一方形成债权债务关系或股权关系。常见的直接融资方式有股票融资、债券融资、商业票据和直接借贷凭证。

间接融资是指资金供给者与资金需求者需要借助金融中介间接实现资金融通的行为。在间接融资过程中，首先，资金供给方将闲置的资金提供给金融中介机构；其次，再由金融中介机构以一定的形式将资金提供给资金需求方，从而实现资金融通的过程。在这个过程中，资金供给方和资金需求方没有形成直接的债权债务关系，而是由金融机构分别履行债权人和债务人的双重身份。常见的间接融资方式有银行信贷、非银行金融机构信贷、委托贷款、融资租赁等形式。

直接融资和间接融资的主要区别有三点：

第一，直接融资与间接融资的区别主要在于融资过程中资金的需求方与资金的供给方是否直接形成债权债务关系。

第二，从信息不对称程度来看，间接融资的信息不对称大于直接融资。在间接融资过程中，由于资金供给方和资金需求方之间加入了中介机构，增加了资金需求方和供给方之间信息输送的时间，影响了效率，这在一定程度上减少了投资者对投资企业对象经营状况和投资项目信息的了解，加大信息不对称程度。而在直接融资过程中，资金供给方和资金需求方直接联系和接触，信息不对称程度更小。

第三，从融资成本来看，间接融资的成本高于直接融资。据测算，银行间债券市场发行利率一般比同期限实际银行贷款利率低 2 个百分点，2005～2012 年银行间债券市场累计发行额达 8.3 万亿元，如果债券期限均按一年期计算，粗略估计可为企业节约融资成本约 1680 亿元。

2. 股权融资和债权融资

根据融入资金是否需要偿还，将外源融资划分为股权融资和债权融资。股权融资是指企业原有股东出让一定比例的股份，通过增资的形式引入新股东并获得资金的融资方式。股权融资融入的资金，企业不需要还本付息，当企业经营正常产生利润时，要向股东分配股息和红利。根据股权融资的定义可以看出，股权融资具有长期性、无负担性和不可逆性三个特点，通过"风险共担，收益共享"的方式，股权融资不仅使外部投资者分享了企业的高收益，从而吸引更多的投资，而且通过分散股权，企业分散了投资的高风险。我国的股权融资主要有公开市场发售和私募发售两种方式。公开市场发售就是通过股票市场向公众投资者发行股票来募集资金，主要包括 IPO 上市、上市公司增发、配股三种形式；私募发售是指企业不是通过公开市场，而是自行对接特定投资人，通过增资的方式吸引投资者入股企业的融资方式。由于我国股票市场对企业上市有一定的资产和利润要求，很多中小企业难以达到企业上市的门槛，因而对于没有上市的中小企业，私募发售成为其股权融资的主要方式。我国私募发售主要有以下四类投资者，分别为个人投资者、风险投资机构、产业投资机构和上市公司。

债权融资是指企业通过借款的方式进行融资，债权融资融入的资金，企业不仅要在指定的时间偿还利息，而且需在借款到期日向债权人偿还本金，实质上是一种"借贷"关系，债权融资获得的是资金使用权而不是所有权。企业常见的债权融资方式为银行贷款和企业债券等。

股权融资和债权融资的主要区别有三点：

第一，从风险的角度来看，债权融资的风险通常大于股权融资。因为不管企业经营状况如何，债权融资都需要承担还本付息的义务，巨大的付息和还债压力有时甚至会造成企业现金流断裂，给企业增加了财务风险。相比而言，股权融资没有固定的付息压力，且普通股也没有固定的到期日，可以永久性地使用资金，不存在还本付息的融资风险。

第二，对控制权的影响不同，由于股权融资引入了新的股东，公司的总股数增加导致现有股东对企业的控制权会被稀释。而债权融资不涉及公司的股权，不对公司控制权造成影响。

第三，对企业所得税的影响，债券融资支付的利息作为财务费用可在企业所得税税前列支，减小了计税税基，降低了企业所得税，具有抵税的作用，而股权融资支付的股息和红利一般来自当期盈利或累计利润，不能在企业所得税前扣除，只能从所得税税后的净利润中支付，属于利润分配的一部分，不会对企业所得税造成影响。

当然，融资还可以从其他不同的角度进行分析。例如，从资金供给方与资金需求方的国别是否相同划分为国内融资和国际融资；根据融资币种不同，可以划分为本币融资和外汇融资；根据融资期限的长短分为长期融资、中期融资以及短期融资。企业可以根据企业经营发展需求，选择特定的融资方式或进行各种融资方式的组合，以满足企业的资金需求。

二、融资约束的概念

(一) 融资约束的内涵

目前关于融资约束的文献较多，但关于融资约束的概念并没有明确的界定，导致融资约束的测度至今没有统一的方法。本章从广义和狭义两个角度对融资约束的概念进行界定。

从广义上来看，融资约束是指当资本市场不完美导致信息不对称时，企业内外融资成本存在差异，从而公司投资受到约束，使企业无法实现最优投资水平。当企业拥有良好的投资机会而内部资金不足时，企业会考虑从外部市场进行融资，而较高的外部融资成本会迫使企业放弃外部融资，从而使某些净现值为正，内部资金无法满足的投资项目无法实施，表现出现投资不足。卡普兰和辛格尔斯（Kaplan 和 Zingales，1997）指出，只要涉及资金的交易成本，外部资金就一定比内部资金的成本高，那么融资约束就会存在。罗时空和龚六党（2014）指出，中国作为一个发展中国家，金融发展水平还比较落后，金融市场还不够健全，相关制度还不够完善，由此造成的金融约束可能更严重。

从狭义上来看，融资约束是指无法为期望的投资获取资金，当企业内部资金无法满足企业的投资需求时，企业进行外部融资，但企业从外部资本市场要么无法获得期望的资金数量，要么无法承担昂贵的外部融资成本，导致企业无法得到期望的投资资金。拉蒙特（Lamont，2001）认为，融资约束是指由于信贷限制无法借款或无法发行股权，依赖银行贷款或资产流动性不足，导致企业获取资金的能力受限。席尔瓦（Silva，2011）认为，融资约束是指企业无法获得必要的资金金额（通常是由于外部融资短缺）来为其投资和发展提供资金。

可以看到，如果从融资约束的广义定义来看，只要企业从外部融资，就一定存在融资约束，所以几乎所有的公司都存在融资约束。这是因为现实的资本市场是不完美的，信息不对称一定存在，导致外部融资存在交易成本，那么外部融资成本必然高于内部融资成本，这种内外融资成本的差异主要来源于两个方面：一是与企业风险相对应的市场必要报酬，风险越大，要求的市场回报率越高；二是与信息不对称相对应的外部融资溢价，即投资者为缓解信息不对称而发生的信息搜寻和监督成本（张西征，2012）。如果从融资约束的狭义定义来看，融资约束是指无法承担较高的内外成本差异，而无法筹集到足够的投资资金，所以并不是每个公司都存在融资约束。本章为了全面反映我国战略性新兴产业上市公司的融资约束状况，采用融资约束的广义定义。我国战略性新兴产业上市公司多为中小企业，自身资金积累有限，要想获得成长和发展，不可避免地要依靠外部融资，特别是技术创新项目，由于资金投入巨大，资金占用时间长，仅靠内部资金难以满足资金需求，导致企业要想完成创新项目，必须借助外部融资。从各企业财务报表中可以看到，本章选择的战略性新兴产业样本中所有企业都有外部融资来源，所以我国战略性新兴产业普遍存在融资约束，但各企业与资本市场之间的信息不对称程度和缓解这种信息不对称的能力有所不同，使各企业的外部融资溢价存在差异，从而各企业从外部融资的难度和外部融资的成本有所不同，导致企业之间融资约束程度存在差异。

张西征（2012）认为，融资约束可以从三个角度去认识：从引起融资约束的原因来看，表现为内外信息的不对称，即资金的需求方企业与资金的供给方外部投资者之间的信息不对称程度；从融资约束导致的后果来看，表现为企业受资金的限制而投资不足；从融资约束的外部表现来看，体现为公司从外部融资的难度。

本章从融资约束的广义定义来认识融资约束，认为融资约束主要来源于资本市场的不完美，从而主要表现为两个方面：一是企业融资的资金价格受到约束，即外部融资成本明显高于内部融资成本，当资金的边际成本大于边际收益时，根据企业的投资决策理论，企业的投资受到限制，表现为投资不足；二是资金数量受到约束，即企业难以得到所需数量的资金，霍腾罗特和彼得斯（Hottenrott 和 Peters，2012）认为，企业面临的融资约束程度取决于公司在资本市场不完善的条件下获得资金的能力。斯蒂格利茨和魏斯（Stiglitz 和 Weiss，1981）指出，银行按照利润最大化的原则，制定信贷发放政策，明确信贷发放的限制条件，不是每个申请者都可以申请到贷款，也不是每个申请者可以申请到期望的贷款数量。闵亮和沈悦（2011）研究表明，在资本市场融资时，面临融资约束的企业更关注融资规模，而非融资约束企业更关心融资成本。本章从广义上来认识融资约束实质上与张西征（2012）从三个角度来认识融资约束的观点是一致的，即表现为资金价格受到约束，资金数量受到限制。

(二) 融资约束产生的原因

1. 信息不对称

凯恩斯（Keynes，1936）指出，在完美的资本市场中，不存在信息不对称问题，内外资金成本相同。但是完美的资本市场在现实中是不存在的，企业在融资的过程中会由于信息的不对称而产生道德问题和逆向选择问题，进而导致外部融资成本高于内部融资成本。信息不对称是融资约束问题产生的根本原因，信息的不对称主要是指资金需求方企业和资金供给方外部投资者之间的信息不对称。为了弥补信息不对称带来的劣势，外部投资者会花费时间和金钱进行信息的搜集和整理，从而产生相应的费用，即摩擦成本，投资者就会将这笔费用转嫁给企业，进而提高了资金的价格，导致外部融资溢价，即外部资金成本明显高于内部资金成本，企业面临融资约束。可以看到，融资约束是源于较高的外部资金成本，在这种情况下，部分优质的企业无法承担昂贵的外部融资成本，就会停止从外部融资，导致资本市场上的融资者质量越来越差，呈现"柠檬市场"，使信息不对称问题越来越严重。

2. 道德风险

现代企业的经营模式普遍实行经营权和所有权相分离，企业管理者和所有者作为理性人，各自追求自身利益最大化，当两者的目标不一致时，就会导致委托—代理问题，从而出现道德风险、逆向选择和反向激励等问题。可能出现以下两种情况：一种是管理者为了追求自身利益，倾向于从事有利于他们自身利益的活动，例如，使公司规模更大、办公条件更好。为了避免出现这种情况，企业会减少管理者可自由支配的现金流，但这反过来又导致企业内部现金流有限，要使用更高成本的外部资金来进行投资（Jensen 和 Meckling，1976），反而使企业面临融资约束。另一种是规避风险的管理者不愿投资不确定的投资项目，例如，创新项目。管理者比股东更加厌恶风险，避免投资风险项目增加公司的风险。对于技术创新这种资金投入大、资金占用时间长的长期投资项目，更容易受到代理问题的影响，从而抑制了研发投资。

三、融资约束的测度

在融资约束的实证研究中，不可避免且十分重要的问题就是融资约束的测度，即找到一个能够客观真实地度量企业融资约束水平的测度指标。由于融资约束无法直接观测，上市公司披露的信息中没有关于融资约束的直接数据。综观已有的相关文献，测度融资约束水平采用的方法基本都是间接法，要么是采用间接的代理变量（如信用评级、股利支付率等），要么是基于可观察的企业特征的线性组合，由此将融资约束测度方法划分为两类：一是单变量指标，二是复合指标。

（一）单变量指标

融资约束的单指标测度方主要是基于企业的特征进行测度，应千伟和罗党论（2012）采用企业规模和债务比例作为融资约束的代理变量。流动性约束指标（企业流动资产与流动负债之差与企业总资产的比重）、负债率（企业短期负债占流动资产的比重）、企业年龄也常用于融资约束的测度，霍尔等（Hall等，2016）用短期净资本与总资产之比衡量融资约束。股利支付率经常用于融资约束的测度，主要是因为，当公司面临的融资约束程度较小、内外融资的成本差异不明显且公司内部资金发生波动时，就会使用外部融资抑制投资的波动，不用考虑公司的股利政策。而当公司面临较高的融资约束时，内源融资成本明显低于外部融资，公司会降低股利支付率，保留较多的内部资金抑制投资的波动。他认为，股利支付率越低，表示企业从外部融资的难度越大，企业投资越需要依赖内部资金，那么企业面临的融资约束程度越严重。

（二）复合指标

1. 投资-现金流敏感度

法扎尔（Fazzar，1988）第一次提出用投资—现金流敏感度来度量融资约束水平，他认为，由于资本市场的不完美，企业内外融资成本存在差异，外部融资成本明显高于内部融资成本，那么企业投资更依赖内部资金，且这种依赖程度与外部融资溢价密切相关。当外部融资溢价越高时，内外融资成本差异越大，企业越依赖于内部资金，说明企业面临的融资约束程度越大。当公司面临融资约束时，公司的投资不仅与投资机会有关，更重要的是受到公司内部现金流的影响。企业投资支出将随内部资金的可用性而变化，而不仅只考虑项目的净现值（NPV）为正。因此，当内部现金流难以满足企业的投资需求时，企业会借助外部融资，而当企业面临融资约束时，企业很难从外部筹措到投资资金，那么企业的投资只能依赖内部资金，根据当前现金流状况来决定投资支出，表现出投资—现金流敏感性。当企业融资约束很严重时，外部无法融资，企业投资会依赖内部现金流，表现出强烈的投资—现金流敏感性。法扎尔（Fazzar，1988）通过实证发现，投资—现金流敏感性与外部融资程度呈正相关关系，即外部融资难度越大，融资约束程度越高，企业投资对现金流的依赖性越高，投资现金流敏感性越高，从而认为投资—现金流敏感性可有效地度量企业面临的融资约束水平。自投资—现金流敏感性指标提出后，被广泛应用于企业融资行为研究。

然而，卡普兰（Kaplan，1997）认为，由于委托代理冲突的存在，使风险厌恶型的管理者即使可以以较低成本进行外部融资，也会因为厌恶风险依赖内部资金进行投资，从而表现出较高的投资—现金流敏感性。同时，企业的委托代理冲突造成的代理成本问题同样可以使企业表现出较高的投资—现金流敏感性，导致没有融资约束的企业也存在高投资—现金流敏感性，所以说，高投资—现金流敏感性并不一定代表企业的融资约束程度高，从而认为使用投资—

现金流敏感度来衡量企业融资约束程度存在一定的不足和局限。

2. 现金—现金流敏感性

阿尔梅达等（Almeida 等，2004）从现金持有的角度研究了融资约束，认为现金—现金流敏感度可用来度量融资约束水平，考虑思路为：如果企业存在融资约束，那么企业会出于预防性动机而将新增加的现金流以恰当的形式进行现金持有，为将来可能出现的投资机会做好资金准备。所以，当企业现金流量较好时，面临融资约束的公司持有的现金也会随之增加，现金持有量的变化与现金流之间就会呈现正向关系。相比较而言，不受融资约束的公司，具备为所有净现值为正的投资项目融资的能力，不会为了融资约束而持有现金，那么不受融资约束公司的现金持有政策与融资约束程度无关，不会表现出现金—现金流敏感性。因此，受融资约束的企业与不受融资约束的企业在现金持有政策方面表现出明显的差异性，企业融资约束越严重，企业的现金—现金流敏感性越高。

国内很多学者采用现金—现金流敏感性指标来检验中国企业的融资约束状况，但并没有得到一致的结论，章晓霞和吴冲锋（2007）采用中国 2000～2004 年 A 股上市公司的样本进行现金—现金流敏感性的检验发现，融资约束公司与非融资约束公司在现金—现金流敏感性方面没有表现出差异，因而认为现金—现金流敏感性指标测度融资约束程度不适用于资本市场不成熟的中国。而连玉君等（2008）、李金等（2007）同样采用中国上市公司的数据进行检验，发现存在融资约束的公司表现出强烈的现金—现金流敏感性，而无融资约束的公司则对现金没有表现出现金—现金流敏感性，因而认为现金—现金流敏感性适用于中国上市公司。

3. KZ 指数

卡普兰和辛格尔斯（Kaplan 和 Zingales，1997）使用年度报告中相关财务指标，将企业根据融资约束状况分为五组，分别为无融资约束组（NFC）、可能无融资约束组（LNFC）、或许融资约束组（PFC）、可能融资约束组（LFC）、融资约束组（FC）。分组依据主要为财务报告中的现金股息、现金持有、资产负债等五个指标。拉蒙特（Lamont，2001）参照卡普兰和辛格尔斯（Kaplan 和 Zingales，1997）的融资约束分类方法，研究企业融资约束和股票回报率之间的关系，并将影响融资约束水平的现金流/总资产，以市账比、资产负债率、股息/总资产、现金持有/总资产五个指标作为融资约束的代理变量，然后根据这五个代理变量建立排序回归模型，即使用回归模型构建一个由五个会计变量的线性组合构成的指数，作为企业融资约束水平的测度值，将这种度量企业融资约束水平的方法命名为 KZ 指数，KZ 指数越大，企业面临的融资约束程度越严重。阿尔梅达（Almeida，2004）在评估现金—现金流敏感性度量企业融资约束水平的有效性时，采用 KZ 指数作为替代方法进行了相互验证，发现 KZ 指数可以客观地反映企业的融资约束程度。此后，采用 KZ 指数测度融资约束的方法在实证研究中得到了广泛运用。魏志华等（2014）在研究金融生态环境对融资约束的影响时，采用 KZ 指数测度了中国上市公司的融资约束水平，发现 KZ 指数测度融资约束水平符合中国上市公司的情况。

4. WW 指数[①]

怀特和吴（Whited 和 Wu，2006）在解释融资约束风险和资产回报率时，基于欧拉投资方程采用广义矩估计方法构建了 WW 指数来测度融资约束水平，该方法通过大数据集的结构估计避免了严重的样本选择偏差和测量误差问题。WW 指数不仅考虑了企业内部财务特征，而且考虑了企业所在行业的外部特征，例如，考虑企业的投资机会时，采用销售增长率来表示，不仅考虑企业的销售增长率，而且也考虑企业所在行业的销售增长率，以呈现行业整体发展情况对企业投资的影响。

5. SA 指数[②]

测度融资约束的很多方法都依赖于内生的财务变量，例如，持有的现金，杠杆率、现金流量等，但这些财务变量与融资约束程度可能会出现相互影响的情况，导致这些融资约束的度量方法存在内生性。例如，现金持有量的增长可能有助于缓解企业面临的融资约束，但企业选择持有高额现金可能就是因为该企业受到融资限制，通过持有现金以用于预防资金问题。基于这些可能存在的问题，哈德洛克和皮尔斯（Hadlock 和 Pierce，2010）提出测度了融资约束水平的（SA）指数，最终得到（SA）指数的计算公式为 $SA = -0.737 \times Size + 0.043 \times Size^2 - 0.04 \times Age$。在该式中，Size 表示公司规模，用公司年初总资产的对数表示，公司年初总资产的单位换算为十亿，Age 表示公司的年龄，用公司上市之后的年份来表示。为了克服极端值对计算结果的影响，该指数在处理过程中将公司资产小于 45 亿的数据用 45 亿进行替代，将年龄大于 37 年的数据用 37 年

---

① 由怀特和吴（Whited 和 Wu）于 2006 年在 *Review of Financial Studies* 发表的 *Financial Constraints Risk* 一文中阐述的测度融资约束的基本方法被简称为 WW 指数。

② 由哈德洛克和皮尔斯（Hadlock 和 Pierce）于 2010 年在 *Review of Financial Studies* 发表的 *New Evidence on Measuring Financial Constraints：Moving Beyond the KZ Index* 一文中阐述的测度融资约束的基本方法被简称为 SA 指数。

进行替代。最终计算结果显示（SA）指数为负值，且（SA）指数的绝对值越大，表示公司面临的融资约束水平越高。从式中可以看到，公司年龄越大，（SA）指数的绝对值水平越大，融资约束水平越大。

SA 指数有以下三个特点：一是该指数的测度依赖的变量为外生变量，避免了可能出现的内生性问题；二是 SA 指数仅与公司规模和年龄有关，而规模和年龄在各种环境下已经被证实为融资约束的强有力的预测因子；三是阿尔梅达等（Almeida 等，2004）通过现金—现金流敏感度方法，对 SA 指数测度融资约束水平的客观性进行了验证，证实了 SA 指数测度融资约束水平的有效性和合理性。

6. 融资约束敏感性测试

由于企业的融资约束是不可观测的变量，当内部资金无法满足投资需求、需要借助外部资本市场满足技术创新资金需求时，通常会借助投资方程检验是否存在"流动性"限制，或对现金流冲击进行敏感性测试。霍尔（Hall，2008）提出了用于识别创新投资融资约束的测试方法。该方法的思路为：假定给企业一笔额外的现金，要求企业想象在获得这笔额外的现金后他们将如何花钱，观察企业是否将全部或部分现金用于创新项目的投资。如果企业将现金用于创新项目，说明企业有一些尚未开发的创新投资机会，这个投资机会如果用高成本的外部融资，会发现资金的边际收益小于边际成本，那么创新项目的投资将会无利可图，所以企业因为高融资成本而暂时放弃这项创新投资。但如果有一笔额外的现金，就如同企业的内部现金流一样低成本，使创新项目的边际收益大于边际成本，那么企业就会将这笔现金用于创新投资，这种情况说明，企业的创新投资面临着融资约束。而当企业没有将这笔额外的现金用于创新项目时，就说明企业的创新投资资金已得到了满足，暂时没有未开发的投资机会，没有表现技术创新的投资不足，那么企业技术创新投资不存在融资约束。该方法的前提为企业技术创新投资会优先使用低成本的内部资金，直到资金耗尽，才会考虑外部资金，通过发行股票或者外部债务进行融资。

（三）融资约束测度指标的比较

从前述几种融资约束的测度方法可以看出，每种测度方法在指标选取、测度角度上均存在一定的差异，对同一家上市公司同一年份的融资约束程度采用上述方法进行测度时，不同测度方法的测度结果可能有所差异。然而，由于融资约束的不可观测性，不管采用哪种方法进行测度，得到的结果只能反映不同企业面临融资约束的相对水平，例如，KZ 指数数值高，只是代表相对于其他公司而言，该公司面临的融资约束水平更严重。因而，我们必须根据我们的研究目的，并结合每种测度方法的特点，有针对性地进行测度方法的选择。为了客观地测度中国战略性新兴产业的融资约束水平，必须对各种测度方法的优劣进行比较，以选择合适的测度指标。

（1）单指标计算过程简单，数据收集相对容易，但主观性较强，仅考虑影响融资约束的某一方面，而缺乏对企业融资约束水平的总体描述，且各学者采用的指标差异较大，至今没有统一的指标。

（2）复合指标计算过程复杂，考虑得较为全面，不同学者测度的结果有所差异：一是因为指标选取的不同，二是因为计算方式的不同，但从整体来看，复合指标的测度结果较为符合上市公司的实际情况，特别是 KZ 指数和 SA 指数，在国内外的文献中应用较多，多次进行了实证检验。

（3）现金—现金流敏感度、WW 指数等指标计算的前提为将样本根据融资约束程度进行分组，而分组往往带有很大的主观性和随意性，分组标准很难统一，导致得到的结果有一定的偏差。

根据上述对融资约束测度方法的对比分析，几种测度方法各有优劣，侧重点不同。综合上述特点，本书第三章的融资约束特征分析主要采用 FC 指数测度融资约束水平（参照 KZ 指数的编制方法），并辅以 SA 指数进行测度结果的检验。在第五章分析融资约束对技术创新的影响时，采用第三章 FC 指数测度融资约束的结果，并采用 SA 指数进行融资约束与技术创新关系的稳健性检验。在第七章分析融资约束下技术创新能力的提升时，仍然使用第三章 FC 指数测度的融资约束结果。

四、融资约束的主要理论体系

对于现代企业而言，融资决策是企业决策的重要组成部分。关于企业的融资行为研究，尤其是融资模式、融资结构、融资约束问题一直是经济学、管理学、会计学、金融学等学科研究的重点内容。对这一领域的研究最早始于财务领域，重点研究了融资模式和融资结构对企业市场价值的影响，20 世纪伴随着信息经济学的发展以及其与各学科的交叉融合，融资约束成因及其测度方法开始成为该领域的研究重点，并开始讨论融资约束对企业投资、经营绩效的影响。进入 21 世纪，技术创新的重要性日益凸显，大量学者开始研究技术创新的融资约束问题。在探索企业融资结构和融资方式的过程中，西方理论界先后形成不同的理论，根据时间的前后，分为早期融资理论和现代融资理论。早期融资理论以大卫（David，1952）发表的《企业债务与权益成本计量方法的发展和问题》一文为代表，系统阐述了融资理论的相关思想。由于早期融资理论缺乏实际数据的检验，在理论界没有得到认可，而现代融资理论以 MM 理论为开端，已发展为比较成熟的理论，并对西方国家的企业融资行为起到了理论指导作用。但是，现代融资理论没有形成统一的理论体系，各个理论学派分别从不同的角度对融资问题进行研究，此处主要介绍现代融资理论。

（一）信贷配给理论

信贷配给是指信贷交易的达成是基于风险与利润的考察，但这种考察除了依靠利率机制之外，还会附加各种贷款条件，由此导致不是所有公司可以获得所需要的贷款，即公司得不到所需的信贷资金。

现代的信贷配给研究，始于凯恩斯的《货币论》，但仅仅注意到信贷配给现象，并没有深入研究信贷配给形成的机理和造成的经济后果。罗莎（Roosa，1951）研究了信贷配给对宏观经济的影响发现，信贷配给会通过影响企业投资进而影响经济增长。20 世纪 60 年代，信贷配给理论开始集中从微观角度研究信贷配给形成的机理。霍奇曼（Hodgman，1960）认为，违约风险是造成信贷配给的原因，即银行的损失风险与银行贷款风险正相关，而随着信息经济学的兴起，学者开始从信息不对称的角度研究信贷配给理论，斯蒂格利茨和魏斯（Stiglitz 和 Weiss，1981）认为，在信贷市场上，由于借款人比贷款人掌握更多的关于项目风险收益以及资金实际用途的相关信息，导致借款人和贷款人之间存在信息不对称，为了降低风险，银行会提高利率，由此产生事前的逆向选择（信息的不对称使银行难以甄别项目的好坏，为了规避风险，银行增加"风险补偿费"上调利率，使资信高的安全借款人放弃借款，而风险高的借款人愿意接受贷款）和事后的道德风险（信息的不对称使银行难以获得贷款实际使用情况的充分信息，获得高利率贷款的高风险借款人为了获得高回报，热衷于高风险项目），增加了信贷过程中的信贷风险，降低了配给效率，因此，银行考虑以非价格手段来调节资金的供给，将利率价格调整到市场均衡利率水平以下，鼓励那些资信高并愿意以低利率借款的借款人，限制那些信用低，愿意以高利率借款的借款人，以此来提高信贷资金配给效率。随着资本市场的发展，信贷配给理论开始将信贷市场和股票市场联合进行研究，赫尔曼和斯蒂格利茨（Hellman 和 Stiglitz，2000）发现，信贷配给和权益配给既可以共存，也可以单独存在。信贷配给理论为融资约束理论等相关融资理论的提出奠定了基础。

（二）MM 理论

现代企业融资理论起源于 MM 理论。1959 年，Modigliani 和 Miller 在《资本成本、公司融资和投资理论》一文中指出，在不存在信息不对称的市场中，企业的资本结构对企业的市场价值没有影响，即企业的投资决策与融资方式无关，即 MM 理论，标志着现代企业融资结构理论的形成，开创了现代融资理论的思想先河。

MM 理论中，由于融资方式对企业的投资决策没有影响，外部资金是内部资金的完美替代品，企业对资金成本和税收激励投资的变化表现出的态度差异是因为不同的投资需求，而与融资方式无关。企业不管是以债权融资还是股权融资都不影响企业的市场价值。假如企业偏好债务融资，那么企业的资产负债率就会上升，企业风险随之增加，进而传递到股票市场上，股票价格会相应下跌，所以，企业从债务融资中得到的收益会被股票价格的下跌所抵消，从总体上来看，企业的市场总价值仍然保持不变。所以，企业通过不同的方式融资只是调整了企业价值在股东和债权人之间分配的比例，并没有影响企业的总价值。

（三）权衡理论

由于（MM）理论假定企业无破产风险，不存在破产成本，而这个前提往往与实际情况不符，权衡理论放松了这个假定，考虑在税收、破产成本、代理成本分别存在或同时存在的情况下，资本结构如何影响企业市场价值，实质是对（MM）理论的修正。权衡理论认为，负债对企业市场价值的影响存在双向性。一方面，负债的增加会给企业带来收益，因为：①企业所得税的节税效应，利息支出作为财务费用会在所得税税前扣除，而股息则在税后支付，负债的增加导致的财务费用增加会减小企业所得税的税基，进而发挥节税效应。②权益代理成本的减少，负债有利于激励管理者提高工作效率，减少在职消费，降低了自由现金流量，从而减少了企业的非效率投资或无效投资。另一方面，负债的增加会增加企业的成本，因为两点：①负债造成企业破产的直接成本、间接成本和权益代理成本都会增加，导致企业可能陷入"财务困境"，发生资不抵债甚至破产，这些因素会直接导致企业融资成本上升和融资难度的增加，降低了企业的市场价值。②个人所得税对企业所得税的抵消作用，这是指负债导致个人所得税的增加会部分或全部抵消企业所得税的减少。综合来看，负债带来的收益会增加企业的市场价值，且边际收益减小，同时负债也使企业成本增加，会减小企业的市场价值，且边际成本增加。因此，企业资本结构的选择，关键在于权衡负债成本和收益，当负债的边际成本等于边际收益时，企业就可以实现最优资本结构。可以看到，权衡理论实质是提出了企业确定最优资本结构的原则，即在利息抵税效应和财务困境、代理成本之间进行平衡。在此基础上，部分学者在连续时间的条件下，引入交易成本，研究企业如何调整资本结构来实现财务目标，即动态权衡理论。权衡理论的代表性人物为 Myers（1984）、Kraus（1973）、Rubinm（1973）等。

（四）融资优序理论

随着 20 世纪 70 年代信息经济学的兴起，信息不对称理论开始渗透到经济学各个领域，众多学者开始从信息不对称的视角研究融资理论。根据（MM）理论，公司财务结构与投资决策无关，仅适用于具有良好发展前景、信息透明的成熟公司。然而，对于大部分公司来说，财务因素似乎很重要，因为"资本市场不完美"导致存在信息不对称，外部资本并不是内部资金的完美替代品，特别是在短期内，这种信息不对称使外部融资的成本明显高于内部融资成本，由于存在信息不对称，外部投资者不可能客观评估投资机会的质量，为了降低信息不对称，外部投资者需要进行信息的搜寻和监督，产生成本支出，因此，债务融资和股权融资等外部融资方式的融资成本高于内部融资成本，企业会优先选择内部融资。而在股权融资和债权融资之间，企业优先选择债权融资，避免发行普通股或风险投资来融资。这是因为信号传递理论认为，企业选择的融资方式会向市场传递企业的经营信息，企业发行股票，会被市场误解为企业发展前景不好，资产质量恶化、财务状况不佳，由此造成股价下跌，而债务融资则向市场传递了企业经营良好的信号，显示了管理者对企业未来发展有良好的预期（经营状况差、资产质量差的企业考虑到债务融资较高的破产边际成本，不会选择债务融资，只有高质量的企业才会选择债务融资）。综合来看，企业融资方式选择的顺序依次为内部融资、债权融资、股权融资，企业只有在不得已的情况下，才会选择权益融资。融资优序理论的代表人物为 Myers（1984）、Narayanan（1987）等。

（五）代理成本理论

现代企业的组织形式大多为企业所有权和经营权相分离，由此产生的企业所有者和经营者之间的关系为委托代理关系。按照理性人的假定，经营者和所有者都追求利益最大化，那么经营者采取行动时并不一定考虑委托者的利益（经营者努力工作需要付出全部成本但只能获得部分收益，而经营者在职消费只承担部分成本却享受全部收益，必然的结果就是经营者不努力工作，却热衷于在职消费）。为了解决这个问题，委托者可以采取措施激励和监督经营者或要求经营者进行财产担保，但即使委托人采取了一些保护自我利益的措施，经营者和所有者的利益仍然有所差异，由此产生的委托人的利益损失为"剩余损失"，那么，代理成本即由企业所有者的监督成本、经营者的担保成本和剩余损失组成，可以认为代理成本的存在使企业的市场价值低于企业所有者完全是经营者时的市场价值，两者之间的差额就是外部股权的代理成本。虽然债务融资避免了两权分离产生的代理成本，但也导致了另外一种代理成本，即经营者通过剩余索取权分享企业利润，可以通过有限责任制度将失败的损失推给债权人，所以经营者积极热衷于高风险的项目，以此分享成功的收益。詹森和梅克林（Jensen 和 Meckling，1976）认为，企业会在股权融资和债权融资之间进行权衡，最优资本结构就是使股权代理边际成本与债权代理边际成本相等。

（六）生命周期理论

生命周期理论认为，由于企业的寿命跟产品一样，普遍存在生命周期，经历诞生、成长、壮大、衰退甚至死亡的整个过程，那么企业在生命周期的不同阶段，企业的融资需求也会有所差异。在企业的创立期，信息不透明是最高的，且大多为中小企业，主要依靠内部融资或天使投资。在企业进入发展阶段后，企业会通过非公开的债券或股权形式进行融资，到成熟阶段后，企业会借助公开的资本市场进行融资。所以，在企业生命周期的不同阶段，企业会选择不同的融资形式。生命周期理论最初是由萨尔曼（Sahlman，1990）等提出，并经过戴蒙德（Diamond，1991）和拉詹（Rajan，1992）完善后，最终形成生命周期理论。

（七）金融加速器理论

伯南克和格特勒（Bernanke 和 Gertler，1989）在《代理成本、净值与经济波动》中提出一个简单的新古典经济周期模型，来说明金融市场对宏观经济波动的影响，此模型是在 RBC 模型基础上进行的修改，伯南克和格特勒（Bernanke 和 Gertler，1996）将这种机制正式命名为金融加速器。金融加速器理论认为，由于融资市场存在信息不对称，导致外部融资存在溢价，外部融资成本明显高于内部融资成本，而外部融资溢价的大小与企业资产净值呈现反向关系。当企业遭受经济中的负向冲击时，外部融资成本增加，企业资产净值随之下降。而企业资产净值的下降不仅意味着企业违约成本的升高，增加了企业的道德风险，也说明企业的抵押物价值下降，使企业从外部融资的能力进一步降低，如此反复，经由外部资本市场或信贷市场将外部冲击对企业融资的影响放大，使原本从外部融资困难的企业在金融市场的影响下从外部融资更难，产生金融加速器效应。

（八）融资约束理论评述

现代企业在发展过程中不可避免地涉及融资。从以上理论看到，每种理论的出现都具有较强的历史和制度背景，都为某个时期企业的融资行为提供了理论依据，早期的 MM 理论建立的条件与现实情况存在较大的差异，逐渐被融资优序理论和权衡理论所取代。代理成本理论、生命周期理论和金融加速器理论较为符合企业的实际情况，在实践中得到广泛的应用，常用来解释企业的融资行为。这些理论为我国学者研究我国企业的融资问题提供了借鉴意义。但是这些理论基本上是以西方企业为研究样本，而我国企业在很多方面不同于西方企业，因此，在使用上述理论时需要结合我国的实际情况，结合中国的制度背景，金融发展状况及相关要素进行分析，尤其是要考虑我国处于变革中的国内资本市场和信贷市场之间的关系。考虑到这些因素，本章认为，虽然所有企业只要进行外部融资都难逃融资约束的束缚，但企业有些项目并没有依赖外部融资，仅依赖内部资金进行解决，对于这类项目的投资就不会受到融资约束的影响。所以融资约束影响投资的前提条件是投资依赖于外部融资。如果技术创新依赖外部融资，那么必然受到企业融资约束的影响，如果技术创新仅由内部资金进行解决，不依赖外部融资，那么就不会受到融资约束的影响，所以，从理论上来看，融资约束影响技术创新存在一定的实现条件。

第二节　技术创新理论

一、技术创新的内涵

(一) 技术创新的概念

创新既是一个社会学概念，也是一个经济学概念。从经济学的角度来看，创新有广义和狭义之分。广义上的创新包括技术创新、理论创新、体制创新、机制创新和其他创新，技术创新是创新的核心内容。狭义上的创新仅指技术创新。熊彼特（Schumpeter，1912）在《经济发展概论》中第一次建立了创新理论，他认为，创新是把新的生产要素和生产条件进行新结合并引入生产体系，即在生产过程中引入区别于传统生产要素和生产条件的新组合，构造新的生产函数，形成新的经济增长点，从而创造更大的收益。熊彼特（Schumpeter，1939）指出，创新并没有要求一定要有新发现，而是要在原有生产条件下对生产要素进行重新组合，并认为创新包括五种情况：创造新产品、采用新方法、开辟新市场和取得材料新的供给来源、实现新的产业组织方式或企业重组称为创新。可以看到，熊彼特的创新概念包含的范围很广，既包括涉及技术变化的技术创新，也包括非技术性变化的创新，如组织创新、商业模式创新等，是广义上的创新。本章将创新界定为狭义上的创新，即技术创新。

熊彼特（Schumpeter，1934）认为，创新最开始为基础研究，但最终在应用研究中向技术开发和扩散转化，以诺（Enos，1962）在《石油加工业中的发明与创新》一文中首次对技术创新进行了明确的定义，他认为，技术创新是发明的选择、资本投入保证、组织建立、制订计划、招用工人和开辟市场等几种行为综合产生的结果。弗里曼（Freeman，1981）认为，技术创新是新产品、新过程、新系统和新服务的首次商业性转化。吴贵生（2000）认为，技术创新是技术新构想，经过研究开发或技术组合，应用到实际中并产生社会经济效益的商业化全过程的活动。可以看到，虽然学者对技术创新的定义不尽相同，但他们无一例外地强调，技术创新是发明和生产过程的结合，是技术与应用的结合，技术必须转化为生产力才算完成整个创新过程。关于技术创新的定义，本章采用吴贵生（2000）的定义。

（二）技术创新的推动力

技术创新推动力的两大解释学派为科技推动论和需求推动论。科技推动论以熊彼特（Schumpeter，1939）为代表，熊彼特认为，技术创新的主要推动力为科技，他认为，科学技术是经济增长的主要推动力，而科学技术往往诞生于规模庞大、资金雄厚、技术力量强大的大型实验室中，正是这种强大的技术力量和技术基础，不断突破新理论，解决新问题，推动技术创新取得新的发展。

需求推动论以施穆克勒（Schmookler）、迈尔（Myer）和侯爵（Marquis）为代表，施穆克勒（Schmookler，1972）认为，新技术和新产品的迫切需求推动了技术创新活动的开展。同时，企业为了尽早获得创新收益，会加大创新投入，在一定程度上刺激了企业的创新活动。迈尔和侯爵（Myer 和 Marquis，1969）的研究成果间接验证了施穆克勒（Schmookler）的观点。克韦多（Quevedo，2013）以 1990~2008 年西班牙的制造业企业为样本，发现需求驱动创新的效果在成熟公司和年轻公司之间存在差异，年轻企业在研发上的支出似乎对需求拉动变量更为敏感。

然而，大多数学者认为，虽然科技推动力和需求推动力在产业发展的各个阶段发挥的作用不同，但两者并不是相互独立的，而是应该紧密结合，相互促进，才能有效地促进技术创新，技术人员开发出来的新技术如果没有与市场相结合，就不能称为创新。莫里和罗森伯格（Mowery 和 Rosenberg，1979）指出，只有把新技术与新市场进行结合，创新才可能取得成功。

二、技术创新的特点

（一）技术创新的调整成本高

霍尔（Hall，2002）指出，创新活动最重要的特征为调整成本很高。技术创新费用中 50% 或更高的比例是用于支付受过高等教育的科学家和工程师的工资和薪水。他们的努力创造了一种无形资产，是公司未来几年利润产生的源泉。从某种程度上来说，这种知识是"隐性的"，它嵌入在公司员工的人力资本中，如果他们离开或被解雇，蕴藏在他们身上的无形资产也会随之消失。如果研发费用的调整是暂时的（如只是应对短期资金冲击而解雇工程师），那么未来还需要雇用新的工程师，从而增加企业的招聘和培训成本。这意味着公司层面的研发支出通常具有较高的调整成本。更糟糕的是，解聘的工人还可能会向竞争者传播技术创新的关键信息，破坏企业创新的价值。所以，公司往往会避免裁员，保持研发投资的平稳性。同时，由于技术创新的持续周期长，且具有连续性，如果企业的技术创新活动突然中断，前期的投资将无法收回，成为沉没成本，会给企业造成严重的损失。所有这些情况表明，研发投资的调整成本很高，可能远远大于物质资本投资（Bernstein 和 Nadiri，1989）。因此，保持研发投资的平稳，企业可以节省大量的"调整成本"。

（二）技术创新具有外部性

Arrow（1962）认为，技术创新活动具有公共物品的属性特征，技术创新会发生外溢效应和扩散效应，使技术创新表现出强大的非排他性和有限的专有性（Grossman 和 Helpman，1991；Llerena 和 Matt，1999）特征，通过非自愿泄露（例如，学习和模仿，上游和下游联系以及工人的流动性）和自愿传播（例如，技术许可和研发联盟）可以产生大量的知识溢出效应。即使在良好的知识产权保护环境中，这种外部性的传播仍然可以使创新者的竞争者能够以低于创新的成本获得技术，以提高他们的生产力和创新能力（Jaffe，1986；Bernstein 和 Nadiri，1989；Grilliches，1979；Jaffe 等，1993）。创新的主要产出是如何制造新产品和服务的相关知识，而这种知识是非竞争性的，创新的企业并不能阻止其他企业使用这种知识，即一个人使用知识并不会减少其对另一个人的效用，因此创新的总回报会增加。但在知识不能保密的情况下，投资回报很难由承担创新投资的企业独自占有，即技术创新为"低私人回报率、高社会回报率"的项目，作为技术创新的企业承担了高昂的成本，但并没有享受到全部的收益，在技术创新的外溢作用下，部分收益被其他企业所占有，所以企业技术创新的动力不足，甚至产生了"搭便车"的想法，由于企业创新的成本与回报不匹配，导致企业技术创新很难从资本市场融资。

（三）技术创新持续周期长

曼斯菲尔德（Mansfield，1968）认为，技术创新必须要经历新理念产生、新创作形成和市场化三个阶段，每个阶段缺一不可，三个阶段全部完成才能成为创新。由于从新理念到市场化一般需要经历较长的时间，因此，技术创新投资会持续较长的周期，任何的投资中断会导致前期投资无法收回。因为技术创新活动是一个从新知识、新技术的产生到产生市场效益的长期过程，在这个过程中，企业只有持续不断地进行技术创新的资金投入，才能确保整个技术创新活动的顺利完成。技术创新的任一个阶段如果出现资金供给的中断，就会导致研发项目的中断，给研发企业造成重大的损失，这就要求企业必须有充足的资金来源和良好的财务状况，为企业的技术创新提供资金保证。对于面临严重融资约束的企业，极可能因为资金不足而放弃创新项目。由于技术创新的持续性特点，导致创新存在路径依赖性，表现为随着时间的推移，研发投入的数量都呈现较高的持久性，当期的技术创新投资对过去的技术创新投资存在依赖性（Quevedo，2014）。

（四）技术创新活动的高度不确定性

与一般的投资相比，技术创新具有更大的不确定性，存在更多随时间变化而动态变化的不确定因素，因为企业在技术创新的过程中需要投入大量的资金，而投资回报却要等到技术转化为产品投放市场后才能获得，中间要经历研究阶段、开发阶段、产品生产阶段、销售阶段，时间漫长，且每一个阶段都面临着失败的风险，主要表现在以下三个方面：一是从技术创新的前期过程来看，技术创新分为研究阶段和开发阶段，每个阶段均需经过漫长的不间断、不确定过程，任何技术上的壁垒和障碍、关键技术预料不足、难以突破或技术开发难度过大等技术上可能出现的困难等都会使技术创新无法继续进行，造成技术创新过程中断，导致投资的成本无法收回；二是从技术创新的生产转换过程来看，一项新技术即使在理论上已得到认可，但要转化为产品进行生产销售会受到很多不确定性因素的影响，例如，技术是否具有生产实现性，生产环境和设备是否符合技术要求；三是从市场销售的不定性来看，技术创新经过生产过程顺利转换为产品后，面临着新产品在市场上的销售问题，一个新产品从上市到得到社会的认可和接受，需要经历较长的时间。从产品生命周期来看，新产品从导入期到成长期和成熟期是新产品关键的时期，这段时间不仅耗时较长，还需要投入较大的营销费用，存在很多的不确定性，同时，新产品也面临由于不适应市场的需求，替代品的出现、竞争对手的进入以及外部经济环境政策等因素的影响而导致销售失败的风险。这些不确定性在技术创新计划或项目开始时往往是最大的，即技术前景和市场前景的不确定性。

(五) 高风险性

高风险性与高度不确定性紧密相关，技术创新活动涉及许多相关环节和众多影响因素，从而使创新的结果呈现随机性，这意味着创新带有较大的风险性。由于创新投资一旦发生，在得到回报之前将难以全部收回，且未来的回报在数量上是不确定的，投资成本的不可逆性和收益的不确定性导致投资具有高风险性，且企业在投入研发费用后，并不能确定其研发活动是否能成功，也不能完全确定其是否能为公司带来预期的收益。据统计，90%的创新项目在商业化阶段夭折，说明技术创新存在高风险性。正是技术创新的高风险性特征，严重影响创新项目在资本市场进行融资。

(六) 战略性

企业的技术创新事关企业的长期发展，直接影响企业的竞争地位和经营成败，是对企业发展全局有重大影响的投资，表现出战略性特征。由于技术创新的战略性质，会限制管理者向外部投资者揭露其研发项目的相关信息，以防止他们向竞争对手泄露 (Bhattacharya 和 Ritter，1980；Czarnitzki 等，2011)，从而导致了外部融资过程中的信息不对称问题，例如，逆向选择和道德风险 (Jensen 和 Meckling，1976；Stiglitz 和 Weiss，1981)，这可能会阻碍外部投资者对研发项目投资风险和收益的客观评估 (Czarnitzki 等，2011)，导致技术创新项目外部融资难度增加。

三、技术创新的主要理论体系

技术创新是经济增长的根本动力，技术创新的理论观点最早由熊彼特 (Schumpeter) 于 20 世纪初提出，由于当时的经济增长主要依赖资本积累，因此创新理论并未引起重视，直到 20 世纪 50 年代，伴随第三次科技革命的爆发，技术创新对经济的拉动作用逐渐凸显，人们才开始关注技术创新对社会和经济的促进作用及内在规律，熊彼特的创新理论才逐渐引起关注，自此，经济学界围绕技术创新对经济增长的作用开始从不同角度、不同范围开始研究创新理论。本章主要介绍 Schumpeter 创新理论和新古典学派的创新经济理论。

（一）Schumpeter 创新理论

熊彼特于 1912 年在《经济发展理论》中明确提出创新及其在经济发展中的作用，后期又在此基础上进行了理论的完善。熊彼特认为，创新就是不断地从内部革新经济结构，即不断破坏旧的，创造新的结构，每一次大规模的创新都会淘汰旧的技术和生产体系，并建立新的技术和生产体系，正是创新对产业的这种"创造性破坏"作用，不断推动产业持续健康发展。可以看到，熊彼特的创新理论实质上是将创新看作是内生的，实际上强调了创新的本源驱动作用。关于金融支持创新的研究，熊彼特认为，金融市场的重要功能之一是为发掘具备创新能力的企业家，并通过资金的融通来支持企业创新。金融中介机构提供的服务，例如，储蓄、评估项目、管理风险、监控管理人员和促进交易对于技术创新和经济发展至关重要。银行通过将资金分配给那些最具有新产品开发能力的企业，满足创新企业的资金需求来促进科技创新。

（二）新古典学派的创新理论

在熊彼特创新理论的基础上，技术创新的新古典学派将技术进步引入经济增长模型，并将创新理论发展为新古典经济增长理论和内生经济增长理论。新古典经济增长理论以索洛等为代表，在假定技术保持不变的前提下，把技术进步当作一个外生变量引入模型来研究资本和劳动两种投入在经济增长中的作用。内生经济增长理论以罗默为代表，将技术进步视为内生变量和知识积累的结果，认为技术和资本、劳动等投入要素一样，在经济增长的过程中发挥同样重要的作用。知识作为一种内生变量，不仅可以使知识本身产生增长效应，更重要的是，可以使劳动、资本等其他投入要素的收益递增，所以认为知识积累才是经济增长的原动力。阿吉翁等（Aghion 等，2005）构建了金融发展与 R&D 的内生增长模型，通过实证发现贫穷国家受信贷的约束比发达国家落后，证实了技术创新以及经济增长依赖金融深化的程度。

不管是熊彼特的创新理论还是以此基础发展的其他创新理论，均认为创新是内生的，是经济增长的动力，而金融因素作为企业创新的外部环境，必然对创新产生影响。上述创新理论为本章研究融资约束与技术创新提供了理论支持。

第三节 相关理论模型

一、自由现金流折现模型

净现值是一项投资所产生的未来现金流的折现值与项目投资成本之间的差值。计算净现值的过程称为折现现金流法，该方法假设任何资产的价值等于预期未来现金流的现值，根据净现金收益的总现值与净现金投资量计算净现值，然后根据净现值的大小来确定投资决策。如果净现值为正值，表明投资是可行的；反之亦然。净现值越大，投资收益越高。根据净现值理论，企业的投资决策完全依赖于对现在和未来的现金流折现后价值的判断，判断标准为：当项目的净现值大于零时，该项目应该投资。净现值法在投资决策中具有广泛的应用，其使用前提是对未来现金流，尤其是未来收益有客观的估计，但是一项技术从研发开始到成功，中间所有的投入都是沉没成本，只有研发成功转化为产品并获得市场认可后，才会获得收益，在可预见的时期内，技术创新的现金流状况很难稳定且可以被预测。且净现值理论是静态分析方法，没有考虑技术创新过程中出现的各种不确定性因素，缺乏根据内外环境的变化而调整投资决策的灵活性。

二、实物期权模型

实物期权是处理一些具有不确定性投资结果的非金融资产的一种投资决策工具。迈尔斯（Myers，1977）将期权理论引入到实物投资领域，用于实物投资的决策分析。实物期权理论认为，实物投资就像股票、基金、债券、期货等金融产品一样，未来具有很大程度上的不确定性，投资管理的灵活性跟金融期权很类似，对实物的投资就如同购买一项权利。由于技术创新持续周期长，从资金投入到投资回报均存在很大程度上的不确定性，这些都与期权理论的适用条件相吻合，因而实物期权方法可以较好地用于技术创新的投资决策。实物期权理论认为，企业可以取得一个权利，在未来以一定价格取得或出售一项实物资产或投资计划，所以实物资产的投资可以应用类似评估一般期权的方式来进行评估，也就是说企业对投资项目可以选择延迟、提前、中断或放弃的决策。这种选择权具有金融期权的特征，因而把金融市场的规则引入企业内部战略投资决策。当企业认为项目未来前景好、回报高时，会立即启动，但并不一定要将项目持续完成；当中间的过程中出现新的情况导致未来收益锐减时，企业可以选择中断；当研发项目未来前景不乐观时，企业可以选择推迟项目，以等待更好的时机再启动项目。企业持有的投资机会就像持有的金融买入期权，标的为项目预期的现金流现值，当投资成本低于项目预期的现金流的现值时，执行期权，即进行投资；当投资成本高于项目预期现金流的现值时，则放弃执行期权，即放弃技术创新项目的实施。

实物期权理论充分考虑投资决策过程中的不确定性，逐渐成为不确定情况下投资决策的重要分析工具。由于技术创新过程存在很大的不确定性，当融资约束程度增加时，这种不确定性程度也会随之增加，从而对技术创新的投资决策造成影响。

本章小结

本章首先对融资概念进行了概述，包括融资的内涵、类别和方式，并针对主要的融资方式进行了优劣对比，然后详细阐述了融资约束的内涵、产生原因及相关融资理论，包括信贷配给理论、MM 理论、生命周期理论、权衡理论、融资优序理论、代理成本理论和金融加速器理论。接着阐述了技术创新的概念及相关理论，包括熊彼特创新理论和新古典学派的创新理论，最后介绍了相关理论模型，包括净现值折现模型和实物期权模型。

第三章

我国企业融资约束与技术创新现状分析

第二章通过融资约束的广义定义可知，我国战略性新兴产业普遍面临融资约束，那么我国战略性新兴产业的融资约束特征如何？各个行业是否存在融资约束异质性呢？战略性新兴产业技术创新的特征如何呢？各区域、各行业、企业之间在技术创新方面是否存在差异呢？这是本章所要研究的主要问题。

第一节　我国企业融资约束现状分析

一、我国企业融资约束总体状况

（一）我国企业融资约束的测度方法

1. 测度方法

本章参照拉蒙特（Lamont, 2001）测算 KZ 指数的思路，并结合我国上市公司的特点，同时考虑数据的可获取性，建立我国融资约束指数 FC 的测度方法。具体方法有以下五个步骤：

第一步，将样本按照年份进行分类，并计算每年的经营性净现金流（CF）、现金股利（DIV）、现金持有/上期资产（CashH）①、资产负债率（LEV）、托宾 Q 值（Tobin Q）五个指标的中位数。

第二步，预期经营性净现金流（CF）、现金股利（DIV）、现金持有/上期

---

① 2006 年，财务报表结构进行调整后，从 2007 年开始，上市公司公开披露的信息里没有直接的现金股利数据，本章的现金股利＝每股股利×普通股股数。

资产（CashH）三个指标与融资约束水平负相关，而资产负债率（LEV）、托宾Q值（Tobin Q）与融资约束水平正相关，所以按下列原则进行取值，如果经营性净现金流（CF）、现金股利（DIV）、现金持有/上期资产（CashH）低于该指标当年的中位数，则相应的指标值取1，否则取0，即为 FC_1、FC_2、FC_3；如果资产负债率（LEV）、托宾Q值（Tobin Q）高于当年的中位数，则相应的指标取1，否则取0，即为 FC_4、FC_5。

第三步，计算 FC 指数，$FC = FC_1 + FC_2 + FC_3 + FC_4 + FC_5$。

第四步，使用面板排序逻辑回归模型进行回归，被解释变量为 FC，FC 取值为0、1、2、3、4、5，解释变量分别为经营性净现金流（CF）、现金股利（DIV）、现金持有/上期资产（CashH）、资产负债率（LEV）、托宾Q值（Tobin Q）的原始值，将 FC 作为因变量，CF、DIV、CashH、LEV、Tobin Q 作为解释变量采用面板排序逻辑回归模型进行回归，并估计出各解释变量的回归系数，得到 FC 指数的表达式。

第五步，将经营性净现金流（CF）、现金股利（DIV）、现金持有/上期资产（CashH）、资产负债率（LEV）和托宾Q值（Tobin Q）的实际值代入回归模型，并计算每家公司的 FC 预测值，此预测值即为每家公司的 FC 指数，FC 指数越大，表示公司面临的融资约束水平越高。

2. 模型的说明

在面板模型中，如果因变量为虚拟变量，则称为"二元选择模型"，当因变量不止两种选择时，就需用到面板多元选择模型。当因变量不仅是多种选择且各种选择之间存在排序问题时，就需要建立面板排序选择模型。对于这种非线性面板，普通面板的处理方法不再适用。

假设 y_i^* 是一个没有被观测到的潜变量，而 y_i 是可观测的，假定 y_i 有如下取值：0，1，2，3，…，N 等 N+1 个取值。y_i^* 与 x_i 有以下的线性关系：

$$y_i^* = x_i'\beta + u_i^*, \quad i = 1, 2, 3, \cdots, M \tag{3-1}$$

u_i^* 为独立同分布的随机变量，y_i 与 y_i^* 的关系如下：

$$y_i = \begin{cases} 0, & if\ y_i^* \leq \alpha_1 \\ 1, & if\ \alpha_1 \leq y_i^* \leq \alpha_2 \\ 2, & if\ \alpha_2 < y_i^* \leq \alpha_3 \\ \vdots \\ N, & if\ \alpha_N < y_i^* \end{cases} \tag{3-2}$$

其中，α_1，α_2，$\cdots$，α_N 为临界值。

假定 u_i^* 的分布函数为 $F(x)$，$F(x)$ 为连续的单调递增函数，密度函数为 $f(x)$，那么：

$$P(y_i = 0) = F(\alpha_1 - x_i'\beta) \tag{3-3}$$

$$P(y_i = 1) = F(\alpha_2 - x_i'\beta) - F(\alpha_1 - x_i'\beta) \tag{3-4}$$

$$P(y_i = 2) = F(\alpha_3 - x_i'\beta) - F(\alpha_2 - x_i'\beta) \tag{3-5}$$

$$\vdots$$

$$P(y_i = N) = 1 - F(\alpha_N - x_i'\beta) \tag{3-6}$$

为了分析自变量 x 的变动对因变量 y_i 的影响，将上述几个式子分别对 x_i 求偏导，$\partial P(y_i = 0)/\partial x_i = -f(\alpha_1 - x_i'\beta)\beta$，$\partial P(y_i = N)/\partial x_i = f(\alpha_M - x_i'\beta)\beta$。

可以看到，$P(y_i = 0)$ 的偏导数小于 0，说明 $P(y_i = 0)$ 的变化随 x_i 变动方向与 β 符号方向相反，而 $P(y_i = N)$ 的变化随 x_i 变化方向与 β 符号方向一致，但中间取值概率的变动与 x_i 的关系不确定。

对于面板排序模型，根据选择的分布函数 $F(x)$ 的不同，有三种常见的模型，分别为 Probit 模型、Logit 模型和 Extreme value 模型。本章选择 Logit 模型，参数的估计采用最大似然估计法。

3. 样本的选取

本章选择战略性新兴产业作为研究样本，主要是因为战略性新兴产业是我国技术创新的核心力量，代表新一轮科技革命和产业变革的方向，是培育发展新动能、获取未来竞争新优势的关键领域。战略性新兴产业领域创新创业活跃，涌现大批新技术、新产品、新业态和新模式，有力带动传统产业和地区经济转型升级。同时，战略性新兴产业以中小企业为主体，融资难、融资贵是其发展过程中遇到的突出问题，因而选择战略性新兴产业作为研究样本可以更真实客观地反映本章的研究问题。本章选择样本的时间区间为 2009~2017 年，由于部分指标涉及滞后期，因而实际样本区间为 2008~2017 年，样本始于 2009 年，主要有两个原因：一是因为战略性新兴产业的上市公司中很大一部分公司为创业板股票，而创业板 2009 年开板，大量高成长性的科技型中小企业正式上市[①]。二是考虑到战略性新兴产业的概念形成于 2010 年前后，我国颁布了《国务院关于加快培育和发展战略性新兴产业的决定》，成为战略性新兴产业发展的纲领性

① 根据 2009 年颁布的《首次公开发行股票并在创业板上市管理暂行办法》，设立创业板的目的在于促进自主创新企业及其他成长性企业的发展，所以创业板被定位为高科技和高成长性之板。

文件，对于战略性新兴产业的发展具有重要的政策意义。

虽然目前中国已提出战略性新兴产业，并作为我国未来发展的支柱产业，但关于战略性新兴产业的统计体系尚未形成，使本章的研究受到了一定的局限。由于证监会的行业分类中没有战略性新兴产业，因而无法直接获取战略性新兴产业的上市公司样本。战略性新兴企业上市公司涵盖主板、中小企业板、创业板。将中小企业板和创业板纳入研究范围是因为中小企业板和创业板的上市公司多为从事高科技业务、具有较高成长性的中小企业，是我国技术创新的核心力量，同时这些公司面临的融资难融资贵问题较为突出，这些中小企业板和创业板上市公司样本对于研究融资约束与技术创新的关系尤为重要。

为了获取战略性新兴产业中的上市公司样本，本章按照如下的步骤进行：本章初始样本选自中证指数有限公司和上海证券交易所 2017 年发布的中国战略新兴产业综合指数（以下简称"新兴综指"）样本股，涵盖沪深 A 股、中小板、创业板和新三板共 1117 家公司，由于新三板挂牌企业披露的数据较少，且与其他上市公司相比可比性较差，因而从样本框内剔除。接下来，本章在样本库内设置了一些删选条件，在上述样本范围内按照以下三个原则进行删选，一是删除了样本期间范围内 ST、* ST 上市公司的样本；二是删除了金融、保险类上市公司的数据；三是删除指标存在缺失值的样本，经过上述删选，最后得到的样本为战略性新兴企业 773 家上市公司，4739 个观测值。为了分析样本的分布特征，以 2017 年样本为例，分析样本的板块分布和行业分布。

（1）样本上市公司的行业和板块分布（见表 3-1）。根据国家发改委 2017 年发布的《战略性新兴产业重点产品和服务指导目录》2016 版，战略性新兴产业涵盖了九个产业（含相关服务业），分别为高端装备制造、节能环保产业、生物产业、数字文化创意、新材料产业、新能源产业、新能源汽车、新一代信息技术和相关服务业。而本章的样本上市公司来自新兴综指样本股，目前上市公司行业分类里没有具体的战略性新兴产业分类，因而上市公司无法直接找到相应的战略新兴产业类别。为了将样本对应到相应的战略性新兴产业分类，本章将按照 2017 年发布的《战略性新兴产业重点产品和服务指导目录》2016 版的战略性新兴产业分类标准，并结合《上市公司行业分类指引（2012 年修订）》，将样本企业按照战略性新兴产业的类别进行分类，并分析相应的上市板块分布情况。具体情况有以下三层：第一层为《战略性新兴产业重点产品和服务指导目录》2016 版的九大产业。第二层为上市公司样本按照对应的证监会行业，对照战略性新兴产业分类，找到对应的战略性新兴产业类别。共涉及上市公司行业中的 9 大门类，32 个大类，9 大门类为采矿业（B）、制造业（C）、电力、热力、燃气及水生产和供应业（D）、建筑业（E）、信息传输、软件和信息技术服务业（I）、科学研究和技术服务（M）、水利环境和公共设施管理业（N）、卫生（Q）和文化（R）。第三层为对应各大类下的上市公司，并按照上市板块进行分类。

表 3-1 样本上市公司的行业与上市板块分布

行业	创业板	沪市 A 股	深市 A 股	中小板	总计
1. 高端装备制造业	73	79	19	69	240
（1）通用设备制造业（C34）	8	10	4	12	34
（2）专用设备制造业（C35）	31	24	5	15	75
（3）铁路、船舶、航空航天和其他运输设备制造业（C37）	3	14	2	3	22
（4）电气机械及器材制造业（C38）	26	28	8	36	98
（5）仪器仪表制造业（C40）	5	3		3	11
2. 节能环保产业	5	7	3	7	22
（1）废弃资源综合利用业（C42）				2	2
（2）燃气生产和供应业（D45）	1				1
（3）水的生产和供应业（D46）		4	1		5
（4）土木工程建筑业（E48）	2	1	1	4	8
（5）生态保护和环境治理业（N77）	2	2	1	1	6
3. 生物产业	19	6	5	11	41
（1）医药制造业（C27）	18	6	5	11	40
（2）卫生（Q83）	1				1
4. 数字创意产业	4	3	2	6	15
（1）文教、工美、体育和娱乐用品制造业（C24）				1	1
（2）新闻和出版业（R85）		2	1		3
（3）广播、电视、电影和影视录音制作业（R86）	4	1	1	3	9
（4）文化艺术业（R87）				2	2
5. 新材料产业	12	33	12	30	87
（1）黑色金属矿采选业（B08）			1		1

续表

行业	创业板	沪市A股	深市A股	中小板	总计
（2）有色金属矿采选业（B09）		3			3
（3）化学原料及化学制品制造业（C26）	5	2	1	7	15
（4）橡胶和塑料制品业（C29）	2	3		5	10
（5）非金属矿物制品业（C30）	2	6	3	2	13
（6）黑色金属冶炼及压延加工业（C31）		2	1		3
（7）有色金属冶炼及压延加工业（C32）	2	10	3	8	23
（8）金属制品业（C33）		2	2	5	9
（9）其他制造业（C41）	1	5	1	3	10
6. 新能源产业		7	4	1	12
电力、热力生产和供应业（D44）		7	4	1	12
7. 新能源汽车产业	1	7	6	4	18
汽车制造业（C36）	1	7	6	4	18
8. 新一代信息技术产业	125	55	27	78	285
（1）计算机、通信和其他电子设备制造业（C39）	55	33	21	41	150
（2）电信、广播电视和卫星传输服务（I63）	1	5	2	1	9
（3）互联网和相关服务（I64）	7	2	1	8	18
（4）软件和信息技术服务业（I65）	62	15	3	28	108
9. 相关服务业	5	7	1	3	16
专业技术服务业（M74）	5	7	1	3	16
合计	244	204	79	209	736

注：部分公司的业务范围涉及战略性新兴产业的多个小行业，本章在分类的过程中，按照其主营业务范围进行归类。

资料来源：笔者根据样本数据整理。

从表3-1可以看到，在本章的战略性新兴产业样本736家[1]中，占比最大的三个产业依次为"新一代信息技术产业""高端装备制造业""新材料产业"，三个行业的占比之和达到83.2%，而这几大产业也是中国制造业的中坚力量，

---

[1] 表中的样本合计数为736家，与本章的样本数773家少37家是因为，表中的样本分布采用的是2017年的观测值，而2017年有37个样本缺乏观测值。

其他产业占比较小，这说明在中国战略性新兴产业中，以高技术、支柱性的制造业为主，这与我国对战略性新兴产业的战略定位是一致的。从上市板块来看，沪市 A 股占比 27.72%、深市 A 股占比 10.73%、中小板占比 28.4%、创业板占比 33.1%，可以看到，中小企业板和创业板的上市公司占比达到了 61.5%，说明我国战略性新兴产业以中小企业为主体。

（2）样本的区域和产权性质分布（见表 3-2）。本章的区域分布是依据上市公司的注册地址进行划分，将全国分为东部、中部和西部，东部包括北京、天津、辽宁、河北、上海、广东、浙江、江苏、福建、山东、海南 11 个省份，中部包括安徽、河南、湖北、湖南、江西、吉林、黑龙江、山西 8 个省份，西部包括四川、重庆、内蒙古、贵州、广西、宁夏、新疆、云南、陕西、甘肃、青海、西藏 12 个省份。本章的产权性质分类是依据国泰安数据库中的实际控制人性质。国泰安数据库中将实际控制人性质分为四类，分别为国企、民营、外资、其他。鉴于战略性新兴产业上市公司中外资和其他样本数量较少，所占比重较低，难以得到稳健的分析结果，本章将民营、外资和其他归为一类，定义为非国有企业，据此将战略性新兴行业上市公司分为国有企业和非国有企业两类，见表 3-2。

表 3-2　样本上市公司的区域和产权性质分布

	分类	数量（家）	样本占比（%）
区域分布	东部	564	76.63
	中部	97	13.18
	西部	75	10.19
产权性质	国有企业	206	27.99
	非国有企业	530	72.01

资料来源：笔者根据样本数据整理。

由表 3-2 可知，从区域分布状况来看，在选取的战略性新兴产业样本中，东部地区样本所占比例较高，而中西部地区样本较少，这与战略性新兴产业的产业特征有关。因为战略性新兴产业主要以高科技产业为主，而东部沿海经济发展水平高，区域内的高科技企业较为集中，而中西部地区经济发展水平低，高科技产业较少。从产权性质来看，非国有企业所占比重较大。

4. 变量的说明

计算融资约束 FC 指数涉及的变量解释如表 3-3 所示：

表 3-3　变量定义及说明

变量名称	变量符号	变量说明
经营性净现金流	CF	经营性净现金流/期初资产，经营性净现金流来自上市公司现金流量表
现金股利	DIV	每股股利×普通股股数/期初资产，数据来自国泰安的上市公司研究数据库
现金持有	CashH	现金持有/期初资产，现金持有数据来自现金流量表中的期末现金及现金等价物余额
杠杆水平	LEV	企业当期的资产负债率，为期末负债水平/期末总资产
投资机会	托宾 Q 值	企业当期的托宾 Q 值，托宾 Q 值=企业市场价值/（资产总计-无形资产净额-商誉净额）

资料来源：笔者根据样本数据整理。

经营性净现金流 CF 是企业经营性现金流入与经营性现金流出之差，是一个反映企业获取现金流量能力、偿还能力和支付能力的重要财务指标。企业经营性净现金流量越高，说明企业资金流量状况越好，企业面临的融资约束程度越小，与企业的融资约束程度负相关；现金股利 DIV 是以现金形式分配给股东的股利，现金股利分配越多，反映企业有足够的留存收益和充足的现金，反映了企业内部现金状况越好，克里（Cleary，1999）认为，如果公司支付的股利增加，说明企业面临的融资约束程度减小了，股利支付率与企业面临的融资约束呈负相关；现金持有 CashH 是指企业持有的现金或可随时变现的资产数量，一般而言，如果现金持有越多，那么企业的偿债能力和支付能力越强，企业面临的融资约束程度越小，现金持有与企业的融资约束程度呈负相关；杠杆水平 LEV 用资产负债率表示，反映企业负债占总资产的比重，该比重越小，企业的长期偿债能力就越强，债权人向企业提供信贷资金的风险程度越小，获得信贷资金的可能性越大，企业面临的融资约束程度越小，杠杆水平 LEV 与企业面临的融资约束程度正相关；投资机会用企业当期的托宾 Q 值表示，投资机会越多，企业投资需要的资金越多，那么企业面临的融资约束程度越大，投资机会与企业的融资约束正相关。

表3-4为本章测度融资约束指数涉及的五个指标的描述性统计结果。从经营性净现金流 CF 来看，样本企业的均值为正，说明战略性新兴产业中大部分企业现金流量状况良好，资金流入大于资金流出。最小值为负，说明部分企业在经营中出现了入不敷出的情况，存在经营性资金缺口，经营情况不容乐观，需引起警惕，加大对经营活动所产生的现金流入与流出的预测和估算，引导各项经营性现金业务平稳有序地进行，防止财务危机的发生。现金股利均值为0.0119，说明大部分企业均向股东发放了现金股利，向投资者释放了企业现金充足和利润状况较好的信号，因为企业只有在分配股利后企业的资产流动性达到一定的标准，并且有广泛的筹资渠道的情况下，企业才能发放现金股利。资产负债率作为评价公司财务状况的重要指标，对于债权人、投资人和经营者都有重要的意义，但不同的立场对资产负债率的要求不同，对企业来说，大多认为资产负债率应保持在 40% ~ 60% 较为合适。从样本企业的资产负债率来看，均值为 38%，说明大部分企业的资产负债率还处于比较低的水平，最大值为99%，而最小值为 1.11%，说明企业之间的差异较大，部分企业的财务状况较为恶劣，举债过多，严重影响到从外部市场融资。

表3-4　样本的描述性统计结果

变量	均值	最大值	最小值	标准差
CF	0.0470	1.0214	−1.2483	0.0880
DIV	0.0119	0.4055	0.0000	0.0171
CashH	0.2476	3.8656	0.0022	0.2132
LEV	0.3842	0.9952	0.0111	0.1982
Tobin Q	3.4356	31.4285	0.7371	2.5784

资料来源：笔者根据样本数据整理。

（二）战略性新兴产业上市公司融资约束测度结果

按照上述计算 FC 指数的方法最终得到融资约束水平的测度结果为：FC = −11.35CF−45.72DIV−4.04CashH+5.38LEV+0.16Tobin Q，且五个变量的回归系数均在 1% 的显著性水平下显著，模型的整体显著性也通过了统计检验，说明经营性净现金流/上期资产、现金股利、现金持有/上期资产、资产负债率、托宾Q 值五个变量是影响融资约束水平的有效代理变量，且经营性净现金流（CF）、现金股利（DIV）、现金持有/上期资产（CashH）与融资约束水平呈负相关，而资产负债率、投资机会与融资约束水平呈正相关，意味着高经营性现金流量、高现金持有、高分红、低资产负债率、低投资机会的上市公司面临的融资约束程度较低，而低经营性现金流量、低现金持有、低分红、高资产负债率、高投资机会上市公司面临的融资约束水平较为严重。

为了分析我国战略性新兴产业上市公司融资约束水平的动态演变趋势，本章按照高斯正态分布的核密度函数估计了融资约束水平的核密度曲线，并依次绘制了 2009 年、2013 年和 2017 年融资约束水平的核密度曲线，带宽和估计点数设置为在等距离的 min（n，50）个点来计算核密度估计量，然后再连接成光滑的密度函数。

核密度估计是估计概率密度函数的一种非参数方法，它克服了传统参数估计在估计之前需要设定正确的函数形式（如服从正态分布、对称函数、单峰等特点）的这一缺陷，而只是假设函数满足一些规律性的条件，例如，平滑性和可微，可以说，对概率密度的函数形式施加的条件比参数估计更少。核密度估计采用平滑的峰值函数，即核函数，来拟合观察到的样本点，从而对真实的概率分布曲线进行模拟，它的基本思想是：

设 x_1，x_2，x_3，$\cdots$，x_n 为独立同分布的 n 个样本点，假设其概率密度函数为 $f(x)$，那么核密度估计如下：

$$\widehat{f}(x) = \frac{1}{n}\sum_{i=1}^{n} K_h(x - x_i) = \frac{1}{nh}\sum_{i=1}^{n} K\left(\frac{x - x_i}{h}\right) \tag{3-7}$$

在式（3-7）中，$\widehat{f}(x)$ 是总体函数形式 $f(x)$ 未知时的核密度估计，$k(\cdot)$ 为核函数，满足非负，积分为 1，均值为 0 的特点，核函数在核密度估计过程中发挥的主要作用是平滑，以消除随机扰动因素的影响，关于核函数的选择，本章选取高斯核函数[1]。n 表示样本容量，h 表示带宽，为函数的平滑参数，h 一般为正数，反映核密度曲线的平坦程度，h 越大，则将使用 x_i 附近更远的点在估计 $f(x_i)$，导致偏差增大，而偏差大致与 h^2 呈正比关系，随着 h 的增大，偏差将以平方的速度上升。另外，带宽 h 越大，表示使用了更多的观测点来估计

① 文洋在《收入分配对我国出口贸易的影响——基于非参数核密度估计的需求结构重叠视角》中指出，核函数的选择与分组数据的密集度紧密相关，采用的分组数据越少，采用高斯核函数的可能性就越大。

$f(x_i)$，故方差越小，$\hat{f}(x)$ 越平滑。所以 h 的选择事关偏差和方差之间的平衡，不同带宽下的核函数估计结果差异较大。从上述核密度估计思想中可以看到，核密度函数图实际上是将直方图转换成连续形式，即将直方图中的间隔设置为无穷，那么直方图就变为连续平滑的曲线。

核密度函数图在描述非均衡及动态演进方面具有独特的优势，可以全面反映我国战略性新兴产业上市公司融资约束程度分布的范围、形状特征以及延展情况，从而分析融资约束程度发展变化的动态变化规律。核密度曲线的左右平移代表融资约束程度分布的变动，两侧拖尾代表融资约束差异程度的变化。从图 3-1 可以得到以下四个结论：一是战略性新兴产业上市公司融资核密度曲线随时间变化逐渐右移，说明我国战略性新兴产业上市公司的融资约束程度在不断增加，说明企业发展过程的融资问题越来越严重。二是战略性新兴产业上市公司融资核密度曲线的峰顶数值在不断上升，说明有越来越多的公司的融资约束程度在向峰顶靠近，融资约束程度越来越集中。三是从核密度曲线的峰值来看，峰值在逐年升高，说明我国战略性新兴产业面临的融资约束程度越来越严重。四是从核密度曲线的延展方向来看，核密度曲线随时间推移逐渐有向右延展的趋势，说明出现了越来越多融资约束程度极端严重的公司。

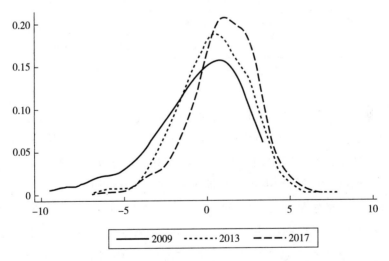

图 3-1　我国战略性新兴产业上市公司 FC 指数的核密度估计

资料来源：笔者根据 Stata 软件计算整理而得。

为了检验本章测算的 FC 指数的有效性和合理性，本章首先按照 HP (2010) 提出的 SA 指数计算方法重新进行融资约束水平的测算，$SA = -0.737 \times Size + 0.043 \times Size^2 - 0.04 \times Age$，具体计算过程不再赘述，并将 FC 指数与 SA 指数的计算结果进行对比，见表 3-5。

表 3-5　2009~2017 年上市公司融资约束水平的描述性统计

年份	FC 指数			SA 指数		
	均值	最大值	最小值	均值	最大值	最小值
2009	-0.56	3.37	-9.50	-1.17	-1.06	-2.63
2010	0.37	5.36	-9.69	-1.47	-1.05	-3.02
2011	0.16	6.17	-10.29	-1.42	-1.05	-3.06
2012	0.13	17.48	-9.88	-1.45	-1.05	-3.34
2013	0.45	7.80	-6.96	-1.47	-1.06	-3.38
2014	0.62	6.22	-6.79	-1.55	-1.10	-3.43
2015	0.85	6.89	-20.62	-1.61	-1.05	-3.49
2016	0.65	7.03	-17.79	-1.66	-1.05	-3.53
2017	0.96	7.00	-22.08	-1.74	-1.07	-3.56
总计	0.55	17.48	-22.08	-1.56	-1.05	-3.56

资料来源：笔者根据 Stata 软件计算整理而得。

从表 3-5 中可以看到，从均值来看，FC 指数随时间推移逐渐变大，而 SA 指数的绝对值也呈现变大的趋势，两者反映融资约束程度呈现的变动趋势是一致的。特别是在 2011 年和 2012 年，KZ 指数和 SA 指数均表现出下降的趋势，说明 FC 指数在测度融资约束水平方面是比较合理的测度指标。

卡普兰和辛格尔斯（Kaplan 和 Zingales, 1997）以美国上市公司为样本，计算了 KZ 指数，测算的结果为 $KZ = -1.002\, KZ_1 - 39.368\, KZ_2 - 1.315\, KZ_3 + 3.139\, KZ_4 + 0.28\, KZ_5$，魏志华和曾爱民（2014）以中国上市公司为样本测算的 KZ 指数结果为 $KZ = -1.002\, KZ_1 - 39.368\, KZ_2 - 1.315\, KZ_3 + 3.139\, KZ_4 + 0.28\, KZ_5$，可以看到本章得到的 FC 指数的测度结果与上述测算结果几乎是一致的，再次说明了本章采用 FC 指数测度融资约束水平较为合理。

二、我国企业融资约束特征分析

(一) 不同区域的融资约束比较分析

为了比较我国企业融资约束的区域差异，本章将全国分为东部、中部、西部三个区域，将 773 家上市公司按照注册地所在区域进行分区域讨论和分析。

表 3-6 显示，我国战略性新兴产业东部、中部、西部上市公司面临的融资约束均呈现增长趋势，这与战略性新兴产业总体融资约束的变化趋势是一致的，说明随着时间的推移，不同区域的上市公司面临的融资约束程度越来越严重。从区域的对比来看，在 2009~2017 年，战略性新兴产业上市公司融资约束程度从小到大依次为：东部、中部、西部。这与各区域的金融发展水平几乎都是一致的，说明各区域的金融发展与企业面临的融资约束紧密相关。沈红波等 (2010) 研究发现，金融发展水平高的地区上市公司面临的融资约束低于金融发展水平低的地区。这是因为金融的核心功能为融资，如何通过有效的金融服务，发挥金融系统的融资功能，将直接决定区域金融系统的效率。东部地区经济发展水平高，金融体系健全，资本市场发达，金融资源丰富，完善的金融市场可为上市公司提供高质量多元化的金融服务，扩大企业的融资渠道，降低融资成本，提高投资储蓄转化率，提高了资金的分配效率，缓解企业的融资约束。同时，金融发展有助于缓解信息不对称问题，降低融资过程中的交易成本，加强了项目优劣的甄别，为有成长性和发展前景的公司提供资金，解决企业发展过程中的资金障碍。因此，相对于中西部地区，东部地区企业的融资约束程度相对较小。

表 3-6　2009~2017 年三大区域融资约束特征

年份	东部	中部	西部
2009	-0.5496	-1.6474	0.3332
2010	0.1711	0.7955	0.8389
2011	0.0180	0.7396	0.2472
2012	-0.0554	0.5422	0.8793
2013	0.3308	0.7920	0.8896

续表

年份	东部	中部	西部
2014	0.5111	0.8786	1.0841
2015	0.7148	1.2194	1.3946
2016	0.4719	1.0661	1.4589
2017	0.8660	1.2514	1.2992

资料来源：笔者根据 Stata 软件计算整理而得。

中西部地区金融发展水平低，直接融资市场不发达，企业的融资方式主要依赖传统的银行贷款融资，但这种方式不仅融资成本高，而且融资难度大（战略性新兴产业上市公司的主要特征为高科技和新兴产业，往往很难达到银行的要求），虽然存在跨区域融资的可能和机会，但由于地域限制和信息的不对称，金融资源跨区域流动性的可能性很小。而且在金融资源十分有限的情况下，经济欠发达地区在分配金融资源的过程中，容易出现政府主导，将金融资源优先分配给特定行业或国有重要企业，地方政府通过多种方式动用社会资金来完成政府投资（吕炜，2004），在一定程度上抢占了战略性新兴产业中小企业的金融资源，加重了中小企业的融资约束，所以金融发展水平落后的中西部地区战略性新兴产业上市公司面临的融资约束程度明显高于东部。

根据《2012 年中国区域金融运行报告》，金融的发展繁荣了直接融资市场，促进金融结构的多样化，并通过两种方式作用于实体经济：一是提高了资本配置效率，使资金流向效率更高的地区和行业，有利于优化全社会的金融资源配置；二是降低了企业的融资成本，为中小企业增添了新的融资渠道，提高了金融服务实体经济的质量。

上面分析可以看到，我国战略性新兴产业由于自身困境存在天然融资难的问题，在经济欠发达的中西部地区，融资更是困难重重。融资约束程度在区域之间存在明显差异性，东部地区的融资约束程度低于中部，中部的融资约束程度低于西部。

（二）不同行业的融资约束比较分析

我国战略性新兴产业受自身产业特点的影响，从总体上来看，面临的融资约束程度较大，但由于战略性新兴产业由九个行业组成，各行业的行业特征各异，面临的融资约束程度也必然存在一定差异，本章按照各上市公司所属的战略性新兴产业的行业，将样本分为九个行业，考虑到数字创意产业、相关服务业和新能源产业的样本数较少，在总样本中所占比重较低，因而分析融资约束的行业特征时，不予考虑这三个行业，最后用于分析的行业为六个子行业。

从表 3-7 战略性新兴产业各行业融资约束水平的对比分析可以看到，在我国战略性新兴产业中，节能环保产业面临的融资约束程度最大，这与其行业特征有着紧密的关系。节能环保产业大多为技术密集型的中小型企业，企业自身的资金积累有限，投资大多依靠外部资金解决。从外部融资来看，由于节能环保产业基本为轻资产企业，抵押品有限，获得银行信贷资金难度高，且相比于一般的投资，节能环保产业投资风险高、资金需求量大、回收周期长、资金周转慢，因而从资本市场获得资金的难度较大，这从节能环保产业的上市公司比例的数据可以看出（节能环保产业上市公司 22 家，占总样本的比例为 3%）。另外，节能环保产业的发展尚处于起步阶段，商业模式也尚未成熟，目前的商业模式还比较特殊，社会效益极强，甚至高于其经济效益，投资回报很难达到投资者的期望目标，因而融资会遇到诸多障碍。节能环保行业作为战略性新兴产业中新的经济增长点，对整个战略性新兴产业的发展至关重要，伴随着我国经济的高速发展，环境问题日趋严重，为了实现经济的可持续发展，近年来国家高度关注环境问题，给予了节能环保产业大力支持。2011 年，国家在"十二五"规划中明确提出了"绿色发展、建设资源节约型、环境友好型社会"，在"十二五"规划的引导下，国家政策性贷款和其他银行贷款向节能环保产业进行了倾斜，节能环保产业的融资约束程度有了明显的下降，据统计，2011 年国家开发银行节能减排和贷款余额 6583 亿元，同比增长 33%，占全行银行贷款的12.7%。2016 年，中国人民银行等七部委发布了《关于构建绿色金融体系的指导意见》，引导金融资源流向节约资源技术开发和生态环境保护产业，支持绿色产业和节能环保产业的发展，因此，2016 年节能环保产业的融资约束程度明显下降。

表 3-7 2010~2017 年中国战略性新兴产业上市公司融资约束的行业特征

行业	2010 年	2011 年	2012 年	2013 年	2014 年	2015 年	2016 年	2017 年	均值
高端装备制造	0.73	0.61	0.49	0.76	1.02	1.12	0.92	1.42	0.91
节能环保产业	2.94	1.31	1.56	1.15	1.97	2.16	1.94	2.17	1.83

行业	2010 年	2011 年	2012 年	2013 年	2014 年	2015 年	2016 年	2017 年	均值
生物产业	1.64	1.67	1.33	0.49	0.46	0.07	0.00	0.04	0.62
新材料产业	1.45	0.86	0.52	0.95	0.96	1.32	0.94	0.42	0.91
新能源汽车	0.97	1.11	0.91	1.29	1.12	1.30	2.40	2.32	1.48
新一代信息技术	0.46	0.49	0.43	0.03	0.17	0.39	0.19	0.62	0.07

资料来源：笔者根据 Stata 软件计算整理而得。

新能源汽车行业融资约束程度仅次于节能环保产业。目前新能源汽车行业还处于初步发展阶段，尽管行业发展的重点在于研发，以突破技术难关，但研发周期长，资金投入大，要想获得长足发展，离不开资金的支持。在市场方面，新能源汽车作为传统汽车的替代品，市场还不成熟，市场认知度不够，销售主要依靠国家政策的扶持，销售渠道狭窄，且市场价格远高于传统汽车，很难被普通消费者所接受。由于新能源汽车行业投入较大，周期较长，难以满足银行资金周转率和风险防范的要求，在获得银行信贷支持方面难度较大。同时，新能源汽车的研发和生产涉及的产业链长、技术面广，其间可能出现的不确定性因素很多，对于风险投资和私募股权基金来说，投资者看不到可以预期的业绩增长和回报率，风险和收益难以预估，大部分投资者对新能源汽车行业持观望的态度，因而新能源汽车行业在资本市场中获得融资比较困难，融资约束程度较高。随着新能源汽车补贴政策的逐步取消，新能源汽车融资难度加大。为了促进新能源汽车产业的发展，2009 年国家启动了"十城千辆"示范推广工作[1]，2015 年下达了 10 多个促进新能源汽车发展的补贴政策，从表 3-7 可以看到，新能源汽车产业在 2016 年以前融资约束程度相对较小，从 2016 年开始明显升高。

作为战略性新兴产业中规模最大、创新最密集的两个产业，新一代信息技术和生物产业保持较快增速，融资形势较好。在表 3-7 中，生物产业的融资约束程度最小，这与本章样本选择的结果有关，本章生物产业入选的样本基本为医药制造行业，这类行业是涉及国计民生的特殊行业，是国家重点支持和关注

---

[1] 通过提供财政补贴，计划用 3 年的时间，每年发展 10 个城市，每个城市推出 1000 辆新能源汽车开展示范运行，涉及这些大中城市的公交、出租、公务、市政、邮政等领域，力争使全国新能源汽车的运营规模到 2012 年占汽车市场份额的 10%。

的朝阳行业。医药行业最明显的特征就是需求刚性、抗经济周期，无论经济处于繁荣期还是下滑期，老百姓看病吃药的需求相对稳定，因而医药行业具有明显的非周期特性，抵御系统性风险的能力相对较强。在 2008 年金融危机中，无论是发达国家还是新兴国家，医药产业均是最稳定、最具拉动作用的产业之一，因此，医药行业在股市中可以成功穿越牛熊两市。我国是人口大国，人口老龄化严重、医药产品市场需求量大，市场前景乐观。另外，医药行业具有技术密集型特点，技术壁垒很强，利润空间大，投资回报高，收益相对稳定，是风险投资和私募股权理想的投资标的，容易受到投资者的青睐。近年来，在我国实施的医疗改革、人口老龄化、政策扶持三大因素的驱动下，医药行业保持着稳定的增长趋势，在资本市场上融资相对容易。自 2010 年以来，生物产业融资状况一直表现较好，从表 3-7 可以看到，在 2010~2017 年中，生物产业每年都是战略性新兴产业中融资约束程度最小的行业。根据清科研发中心发布的《2017年中国医药行业投资研究报告》，2010~2016 年，中国医药行业新上市公司共95 家，融资规模达 1227.86 亿元，且有一半以上的企业背后有风险投资或者私募股权投资的支持。

新一代信息技术产业融资约束的程度稍大于生物产业，是战略性新兴产业中融资相对容易的产业。作为我国战略性新兴产业的主力，新一代信息技术集中了下一代通信网络、物联网、三网融合、新型平板显示、高性能集成电路和以云计算为代表的高端软件等企业，代表中国技术创新的最前沿。当前，全球各国正处于一个由信息技术引领的技术大变革、产业大升级时代，以机器人、大数据、3D 打印为代表的新一轮信息技术革命已成为全球关注的重点。我国正处于产业变革的关键时期，网络信息技术日新月异的发展，给生产力不断带来新的飞跃。在 2011 年《国民经济和社会经济发展第十二个五年规划纲要》中明确提出要重点发展新一代信息技术。随着政策带动、市场拉动、创新能力推动效应的逐步显现，新一代信息技术逐步进入快速成长期，新一代信息技术产业"钱景"看好，近期，在"互联网+"的模式下，信息技术产业进入了新的发展阶段。因此，在资本市场中，新一代信息技术受到高度关注，新一代信息技术发展前景好，未来有广阔的发展空间，融资难度相对较小。

表 3-7 显示，高端装备制造业的融资约束程度居中，高端装备制造业主要包括航空装备制造、卫星制造与应用、轨道交通设备制造、海洋工程装备制造、智能制造装备五大领域，是装备制造业与信息产业的有机融合。作为制造业大国，我国的装备制造体系较为完善，在国内经济结构调整与转型升级的带动下，

我国高端装备制造业总体保持快速增长，发展势头良好，成为装备制造业的新增长点。自 2010 年以来，我国高端装备制造业取得了很多的成就，不仅技术水平不断提升，而且突破性的重点产品不断出现，正在由制造业大国向制造业强国迈进。为了支持高端装备制造业的发展，在"十二五"时期，国家出台了《高端装备制造业"十二五"发展规划》《轨道交通装备产业"十二五"发展规划》和《智能制造装备产业"十二五"发展规划》等多项政策。由于高端装备制造业本身市场前景较好，且有国家政策的大力支持，因此，整个行业面临的融资约束程度相比于节能环保产业和新能源汽车的小。

新材料产业的融资约束程度与高端装备制造业持平。与传统产业相比，新材料产业研发密度高、研发投入大、产品附加值高，对资金的需求量大，且多为中小型企业。新材料产业主要以开发性能优异的新型结构材料和功能性材料为主，属于战略性新兴产业的上游产业，信息技术产业、高端装备制造业、节能环保产业等产业都依赖新材料产业的发展。新材料产业一旦实现技术突破，将会带动整个战略性新兴产业的发展，新材料产业未来的经济效益较好，需求前景十分被投资者看好。随着经济的发展，对新材料需求的种类和数量大大增加，虽然新材料产业资金需求量大，但市场前景较好，因此，融资约束程度相对较小。

第二节　我国企业技术创新现状分析

一、技术创新总体情况分析

由于我国战略性新兴产业在 2010 年才正式形成，目前还没有专门的战略性新兴产业统计数据，文献中研究战略性新兴产业主要通过替代数据进行解决。考虑到战略性新兴产业与高技术产业在很多特征上具有相似性，例如，高技术、知识密集、发展潜力大、社会影响力强。同时，从产业分类来看，高技术产业包括医药制造业，航空、航天器设备制造业，电子及通信设备制造业，计算机及办公设备制造业，医疗仪器设备及仪器仪表制造业，信息化学品制造业，通过对比高技术产业和战略性新兴产业的行业分类可知，高技术产业基本都符合战略性新兴产业的行业标准，因而可以说高技术产业是我国战略性新兴产业的主体部分，战略性新兴产业是高技术产业在质量上的升级、范围上的扩展和战略上的更高定位。本章将高技术产业作为战略性新兴产业的依托产业，采用高技术产业的数据替代战略性新兴产业数据进行研究。

　　研发是创新的关键性投入，是经济增长的主要推动力（Brown、Martinsson和 Petersen，2012）。研发投资作为增加企业未来增长机会和盈利能力的创新驱动力，在企业发展和成长过程中发挥着重要作用，并对公司市场价值产生积极和持久的影响（Shin 和 Kim，2011）。由图 3-2 可知，我国战略性新兴产业 R&D 经费支出在 1995~2016 年呈现逐年递增的趋势，且战略性新兴产业 R&D 经费占全国 R&D 经费的比重在 2002 年以前大幅上升，2002 年之后基本在 16% 上下波动。这说明 2002 年以后我国战略性新兴产业技术创新投入与全国研发投入总的增长趋势和增长速度基本一致。这与发达国家的情况还有一定的差异，Brown 于 2009 年研究了美国制造业 R&D 情况，发现美国研发高度集中在高科技行业中，在 2004 年已高达 60%。在我国高度重视战略性新兴产业的战略定位情况下，我国在战略性新兴产业投入的研发经费还远远不够，还需要继续加大对战略性新兴产业的研发投入，通过技术的飞跃来提高劳动生产率。同时，从国际对比情况来看，我国的情况不容乐观。截至 2017 年，我国 R&D 经费占国内生产总值的比重为 2.13%，远远低于欧盟 3% 的标准和我国"十三五"2.5% 的目标。

　　从图 3-3 可以看到，1995~2016 年我国战略性新兴产业的专利申请数基本保持上升的趋势，从 1995 年的 612 件到 2016 年的 185913 件，增长了 80 倍，而战略性新兴产业占全国的比重在 2009 年以前大幅上升，从 1995 年的不到 1% 到 2009 年的 7.3%，2009 年后呈现小幅波动，一直在 5%~7% 的范围内变动，2014 年达到最高峰 7%。但是与技术创新投入占全国的比重相比，该比重明显偏小，说明目前我国战略性新兴产业的技术创新产出远低于投入，创新效率明显偏低。根据战略性新兴产业的战略定位，该产业大多为研发密集型的企业，研发投入大，科技含量高，表示我国技术创新的最前沿，但技术创新并没有得到与投入相匹配的成果，说明我国技术创新效率还有很大的提升空间。目前我国战略性新兴产业发展表现为产业规模的扩张、技术创新的高投入，但整体技术创新效率和发展质量偏低，已严重影响到了我国战略性新兴产业的高端化发展。

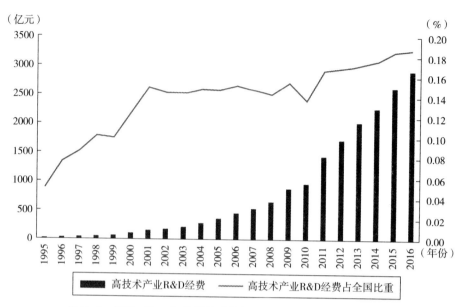

图 3-2　1995~2016 年我国战略性新兴产业 R&D 经费支出情况

资料来源：笔者根据《中国科技统计年鉴》整理而得。

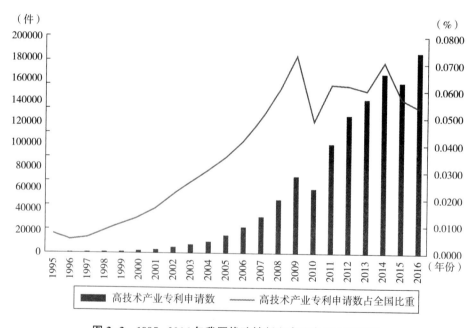

图 3-3　1995~2016 年我国战略性新兴产业专利申请情况

资料来源：笔者根据《中国科技统计年鉴》整理而得。

二、技术创新的行业特征分析

为了比较战略性新兴产业内各子行业的技术创新差异性，本章按照战略性新兴产业的行业划分列出了六大行业的技术创新投入和产出指标（见表3-8）。

由表3-8可知，从2016年的数据情况来看，战略性新兴产业内各子行业从技术创新投入到技术产出的差异较大，说明战略性新兴产业内六个子行业在技术创新活动方面存在较大的差异。从技术创新投入来看，不管是R&D经费内部支出还是R&D人员全时当量（人年），最高的行业都为电子及通信设备制造业，最低的行业为航空、航天器及设备制造业，最高的行业的R&D经费内部支出和R&D人员全时当量分别为最低行业的10倍和11倍。从技术创新成果来看，不管是专利申请数还是新产品销售收入，最高的行业都为"电子及通信设备制造业"，最低的为"航空、航天器及设备制造业"，最高行业的专利申请数和新产品销售收入分别为最低行业的15倍和21倍。将技术创新投入和产出的数据进行对比可以看到，不管是技术创新投入还是产出，最高的行业均为"电子及通信设备制造业"，最低的行业为"航空、航天器及设备制造业"，说明技术创新产出是与技术创新投入紧密相关的，技术创新投入高的行业技术创新产出也多，投入低的行业产出也少。同时，技术创新产出的差异性远远大于技术创新投入，说明技术创新活动会使行业之间技术创新的差异性放大，投入越高的行业技术创新效率越高，而投入越低的行业创新效率越低。

表 3-8　2016 年战略性新兴产业技术创新的行业特征

行业	R&D 人员全时当量（人年）	高技术产业 R&D 经费内部支出（万元）	高技术产业新产品销售收入（万元）	专利申请数（件）
高技术产业	730681	29157462	479242433	185913
医药制造业	130570	4884712	54227527	17785
航空、航天器及设备制造业	37397	1803214	15336596	7897
电子及通信设备制造业	416806	17670281	318206468	117749
计算机及办公设备制造业	49005	1786469	54641230	13995
医疗仪器设备及仪器仪表制造业	86292	2499046	25014346	26393

资料来源：笔者根据《中国科技统计年鉴》整理而得。

三、技术创新的企业特征分析

为了比较战略性新兴产业内各企业的技术创新差异性，本章按照欧盟委员会（EU）公布的 2017 年全球研发投入（R&D）排行榜，列出了榜上我国排名前五的企业研发投入和产出情况。

由表 3-9 可知，从技术创新投入来看，中国排名前五的企业依次为华为、阿里巴巴、中兴、腾讯、中国石油；从企业所属的行业来看，前五强企业基本属于我国战略性新兴产业，代表了我国技术创新的最高水平。参加此次评选的中国企业有 375 家，前五强企业的研发投入总额占中国总研发投入的比重达28.6%，其中，华为一家占据了总投入的 16.8%，说明企业之间研发投入差异非常明显，极化现象极其严重。根据 2017 年中国企业 500 强的数据，500 强企业的平均研发强度为 1.45%，可以看到，企业在研发强度上表现的差距非常明显。华为公司 2017 年以 103.63 亿欧元超过苹果公司（95.3 亿欧元），排名全球第六、中国第一，研发投入占其营业收入的比重高达 19.2%，远远超过第七名苹果公司的 4.7%，成为唯一一家进入 2017 年全球企业研发投入排行榜前 10名的中国企业。相关数据显示，多年来华为公司持续加大研发投入，近年来研发投入增速为 29%，经过多年的积累，在 2017 年世界上的排名一跃比 2004 年前进了 200 个名次。从研发强度来看，在前五强中，研发强度超过 10% 的仅有一家公司，而排名第五的中国石油的研发强度还不到 1%，还没有达到中国 500强企业的研发投入平均水平。

表 3-9　2017 年全球研发投入排行榜中我国排名前五的企业情况

企业名称	世界排名	研发费用（亿欧元）	销售收入（亿欧元）	研发强度（%）	所属行业
华为	6	103.63	539.20	19.22	硬件和设备
阿里巴巴	58	23.29	216.05	10.78	零售
中兴	70	18.61	138.19	13.47	硬件和设备
腾讯	85	16.17	207.40	7.80	软件和计算机服务
中国石油	90	15.33	2207.14	0.69	石油和天然气生产

资料来源：http：//wemedia.ifeng.com/41043060/wemedia.shtml。

从技术创新成果来看，根据世界知识产权组织（WIPO）数据显示，2017年，华为公司与中兴通讯分别以 4024 件 PCT 国际专利申请和 2965 件 PCT 国际专利申请占据了 PCT 国际专利申请人前两名的位置。2018 年中国企业 500 强数据显示，华为和国家电网的专利数量均超过了 7 万件，其中，华为有 7.43 万件，居首位。发明专利方面，华为以 6.69 万件高居首位，这也间接表明了研发投入对技术创新有重要的影响，研发投入是技术创新的充分必要条件。

第三节　我国企业技术创新的融资状况分析

技术创新活动离不开资金的支持，但技术创新由于"高风险、高投入、高成长"特点，受到资金供给的瓶颈约束，融资情况并不乐观，融资约束始终贯穿于技术创新整个过程，主要表现如下：

一、融资渠道分析

由于技术创新存在高风险性、不确定性等特点，导致技术创新从外部融资困难，融资渠道单一。根据我国战略性新兴产业 1995~2008 年科技经费的筹集情况可知（见图 3-4），我国技术创新的费用中企业资金占主体地位[1]，并呈现小幅上升的趋势，从 1995 年的 60% 上升到 2008 年的 80%。从 2009~2016 年 R&D 经费来源的情况分析可知[2]（见图 3-5），在我国 R&D 费用中，企业资金占主导地位，基本稳定在 90%，而政府资金和其他资金所占比重较小。这说明，虽然我国技术创新经费逐年增加，但资金的来源结构并没有发生明显变化，技术创新的资金主要来源于企业，其他融资方式筹集的资金数量较少，融资渠道较为狭窄和单一，技术创新并没有形成多元化的融资渠道。

---

① 根据国家统计局对相关指标的解释，企业资金是指企业 R&D 内部经费中来自企业自有资金或接受其他企业委托而获得的经费。

② 2009 年前，我国每年公布科技经费筹集情况，但 2009 年后，我国没有科技经费筹集情况，而是公布了 R&D 经费的资金来源。

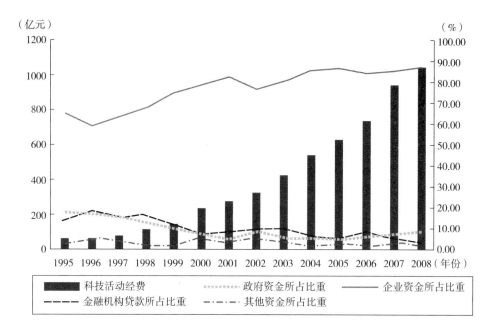

图3-4 1995~2008年我国战略性新兴产业科技经费筹集情况

资料来源：笔者根据《中国高技术产业统计年鉴》整理而得。

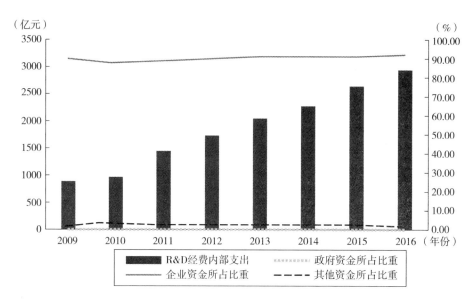

图3-5 2009~2016年我国战略性新兴产业R&D经费来源情况

资料来源：笔者根据《中国高技术产业统计年鉴》整理而得。

二、政府投入分析

伴随我国经济的增长，我国财政支出逐年增加，但财政科技投入比重一直偏低，多年来并没有得到明显的改善。由图 3-6 可知，2002 年我国财政科技支出为 816.2 亿元，2017 年增加到 8383.6 亿元，增长了 10 倍左右，财政科技支出占财政支出的比重一直在 4% 徘徊，没有显著的增长，远低于西方发达国家的投入水平，这说明我国财政对技术创新的投入和支持力度非常有限。

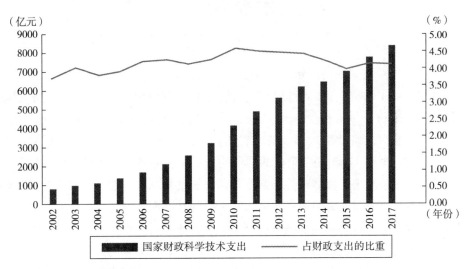

图 3-6　2002~2017 年我国战略性新兴产业财政科技支出情况

资料来源：笔者根据历年全国科技经费投入统计公报整理而得。

三、外部融资情况分析

技术创新先天具有高风险性、不确定性等特征，导致传统的银行贷款融资方式难以满足技术创新的资金需求。在寻求外部其他融资方式的过程中，由于技术创新过程中存在严重的信息不对称，这种信息不对称问题往往比普通投资更严重，由此导致技术创新从外部融资困难，融资成本高，而我国资本市场尚不成熟，市场有效性不足，信息不对称程度相对于发达国家更为严重。因此，技术创新外部融资极其困难。随着技术创新重要性的日益凸显，企业技术创新的资金需求越来越大，企业技术创新活动对金融资金的高需求和金融体系对高风险创新项目融资的低供给，使技术创新存在巨大的资金缺口，导致企业面临严重的融资约束，成为企业技术创新过程中的突出问题。近年来，虽然在资本市场中创新创业为主体的战略性新兴产业已成为社会资金最重要的投资热点，但技术创新获得的外部融资仍然非常有限，很多企业受制于资金的限制而表现出技术创新投入不足，从而技术创新能力的提升受到限制。

本章小结

本章首先对我国战略性新兴产业上市公司的融资约束进行了测度，并针对测度结果进行了融资约束的特征分析；其次对我国战略性新兴产业的技术创新特征进行了分析，并从行业差异、区域差异、企业差异的角度进行了对比研究。

第一，我国战略性新兴产业的融资约束特征。本章以我国战略性新兴产业773 家上市公司为样本测度了企业的融资约束水平，并从总体特征、行业特征和区域特征三个角度来分析战略性新兴产业的融资约束状况。总体来看，我国战略性新兴产业上市公司面临的融资约束水平随时间推移而不断增加，说明企业在发展过程中存在的融资约束问题越来越严重。从行业来看，首先，在我国战略性新兴产业中节能环保产业面临的融资约束程度最大，其次为新能源汽车；而生物产业和新一代信息技术产业面临的融资约束程度最小。从区域来看，各地区上市公司面临的融资约束呈现差异性，融资约束程度从小到大依次为东部、中部、西部。

第二，我国战略新兴产业的技术创新特征。总体来看，我国技术创新不管是技术创新投入（R&D 经费），还是技术创新产出（专利申请数）均呈现逐年增长的趋势，但从产出和投入的对比来看，我国战略性新兴产业目前创新投入和产出仍显不足，创新效率较低；从战略性新兴产业内的子行业情况来看，技术创新投入和产出最高的行业都为"电子及通信设备制造业"，最低的行业为"航空、航天器及设备制造业"；从战略性新兴产业内各企业的情况来看，企业之间研发投入差异非常明显，极化现象极其严重。

第三，我国战略性新兴产业技术创新的融资状况。我国战略性新兴产业的技术创新表现为融资渠道单一、政府投入有限和外部融资不足等特征，这些特征导致企业技术创新面临融资约束，在一定程度上制约了企业的技术创新活动。

第四章

融资约束影响技术创新的形成渠道分析

由第二章融资约束的广义定义可知，由于内外融资成本存在差异，导致所有公司只要进行外部融资都难逃融资约束的束缚，那么我国战略性新兴产业的技术创新投资是否依赖外部融资呢？企业进行投资的资金渠道主要有两种：一种是内源融资，另一种是外源融资。企业具体选择哪种融资方式与企业自身的属性和各种融资渠道的特点相关。如果技术创新依赖外部融资，那么必然受到企业融资约束的影响；如果技术创新仅由内部资金进行解决，不依赖外部融资，那么就不会受到融资约束的影响。本章将集中分析技术创新是否依赖外部融资，通过分析技术创新的融资渠道来研究融资约束是否影响技术创新。首先从理论上分析融资渠道影响技术创新的机理，并以此为基础展开本章的实证检验，以明确技术创新是否依赖外部融资，从而分析融资约束是否影响技术创新。

第一节　融资渠道对技术创新的影响机制分析

一、内源融资对技术创新的影响机制

根据信息不对称理论，由于资本市场是不完美的，导致存在信息不对称，因此，外部融资一定存在交易成本，外部融资成本必然高于内部融资成本。在技术创新投资中，信息不对称问题往往比普通投资更严重，造成外部融资溢价更高，从而使内外融资成本的差异更大。技术创新中的信息不对称是指技术创新企业往往比潜在投资者对创新项目成功的可能性和性质有更深入的了解，两方之间存在严重的信息不对称问题，由此导致为创新项目提供资金的市场看起

来就像"柠檬市场"①。阿罗（Arrow，1962）认为，由于信息不对称导致的道德风险和逆向选择问题阻碍了研发投资的外部融资。我国资本市场起步较晚，发展规模和效率水平落后于西方发达国家，信息不对称问题更为严重，由此造成外部交易成本更高。另外，技术创新项目的高风险性导致与风险相对应的市场必要报酬率升高，外部投资者要求更高的资金价格，信息不对称相对应的风险溢价和项目风险相对应的市场必要报酬两部分共同推高了技术创新的外部融资成本。然而企业使用内部资金不必承担交易费用，因此，内部资金的资金成本要明显低于外部资金。企业在进行投资决策时，资金成本是企业筹集和使用资金需要重点考虑的因素，从资金成本的角度考虑，企业技术创新会优先考虑成本较低的内部融资。

按照迈尔斯（Myers，1984）的融资优序理论，考虑到资本市场的不完美，内外融资成本存在差异，企业偏好内源融资。由于股票发行公告可能会引起股票价格的下跌，传递企业经营的负面信息，其他外部融资方式也会由于信息不对称对企业的市场价值造成影响，而内源融资不需要与投资者签订契约，避免了融资过程中的信息不对称问题，也无须支付各种费用，所受限制少，企业从公司市场价值的角度来看，会优先使用内部资金。

根据代理成本理论，委托代理人冲突的存在意味着债务融资或股权融资等外部融资方式会比融资成本普通投资更加昂贵，融资难度相对更大，而且信息不对称也会导致技术创新投资从外部资本市场融资时更容易出现道德风险和逆向选择问题，而内源融资可以避免道德风险和逆向选择等问题，所以内部资金来源对于创新项目的实施至关重要（Leland 和 Pyle，1980；Bhattacharya 和 Ritter，1980）。事实上，霍尔（Hall，1992）、希梅尔伯格和彼得森（Himmelberg 和 Petersen，1991）指出，有充分的理由认为良好的现金流对 R&D 的价值可能比普通投资更重要。当公司进行技术创新的外部融资时，公司股东与外部资金提供者之间存在代理问题导致的利益冲突，进而导致理想的 R&D 项目被搁置，如果公司通过内部现金流来进行 R&D 投资，那么利益冲突问题就被消除了，所以内部现金流是技术创新投资的最优融资方式。

由此推测，我国战略性新兴产业的技术创新依赖内源融资。

---

① 柠檬市场是指在信息不对称情况下，优等品由于价格高而不受市场欢迎，而劣等品会由于价格低逐渐占领市场，从而优等品遭到淘汰，导致市场中都是劣等品。

二、外部融资对技术创新的影响机制

由于技术创新企业大多为创业型中小企业，技术优势尚未形成，市场潜力尚未释放，经济效益尚待时日，内部资金积累不足，而且新兴企业的盈利不稳定，易受经济周期和外部市场需求的冲击，特别是当经济增速放缓时，企业的财务费用会大幅增加，企业的利润会受到很大影响，造成内部现金流的不稳定。然而，技术创新企业处于技术创新前沿，市场空间广阔、市场潜力巨大，技术创新活动对资金的需求量大，且资金占用时间长，所以内部现金流难以满足技术创新的资金需求。同时，内部现金流除用于研发投资之外，还要满足企业日常经营、固定资产投资、分配股息和支付债务等方面的资金需求。在内部现金流有限的情况下，企业会优先将内部现金流用于日常经营，使企业技术创新投资与资金的其他使用用途相竞争，争夺有限的资金。在内部资金难以满足技术创新的资金需求时，技术创新企业将融资方向转向外部融资市场，由外部融资来解决技术创新的资金。随着技术创新投资规模的日益扩大，技术创新活动对外部资金的依赖性和需求更大（Maskus 等，2012），外源融资逐渐成为企业技术创新投入的主要资金渠道（Hall，2002）。

由此推测，随着技术的进步和生产规模的扩大，对于技术创新这种投入较大的项目，单纯依靠内源融资已很难满足企业的资金需求，外源融资已逐渐成为企业技术创新的主要融资渠道。企业的技术创新除了依赖内部现金流之外，还要依赖外部融资。

在外部融资方式中，主要有股权融资和债权融资。然而，对于技术创新项目，更倾向于股权融资。原因有四个：第一，创新型企业大多为中小型企业，具有典型的轻资产特征，通常注册资本较少、固定资产比重低、抵押品有限，很难满足银行严格的授信要求。格特勒（Gertler，1989）、卡洛米里斯和哈伯德（Calomiris 和 Hubbard，1990）、哈伯德和卡夏普（Hubbard 和 Kashyap，1992）指出，由于企业创新的大部分价值体现在增长机会和科学知识上，它无法获得或很难获得抵押品价值，研发投资可能很少甚至没有抵押品价值，而债务持有人例如银行更喜欢实物资产或可清偿的资产作为贷款的担保，如固定资产（厂房设备）等。邱和万（Qiu 和 Wan，2015）指出，像三星和苹果这样的创新型公司的价值包括大量的无形资产，如知识产权和人力资本，这些资产难以作为外部借款的抵押品，尤其是在竞争激烈的情况下更是如此。第二，创新型企业技术创新投资持续周期长，意味着不确定性大、风险高，这些风险不仅包括传统的行业风险和经营分析，还包括开发的新技术转化为产品过程中的技术风险和销售风险，同时还面临竞争者的出现，使现有技术价值下降的风险，客观上很难满足银行对风险控制的要求。第三，技术创新活动难以获得稳定的现金流，大多数创新项目不能立即带来回报，需要较长的回收周期才能实现收益，技术创新的回收周期长主要体现在两个方面：既体现为技术培训、知识积累和储备以及对新技术的消化吸收需要耗费较长的时间，也体现为新产品或新技术被市场所接受和适应需要较长的周期（周月秋和邱牧远，2016）。而偿还债务通常需要稳定的现金流来源，并将其维持在一定的水平，这使企业的资金回收周期与银行要求的还债周期不一致，加大了创新项目从银行融资的难度。第四，债权融资容易导致企业面临财务困境，对研发密集型企业来说，这种财务困境往往更为严重（Cornell 和 Shapiro，1986；Opler 和 Titman，1993），财务困境的预期边际成本随着年轻高科技公司的杠杆率迅速上升，如果面临财务困境这些企业的市场价值会迅速贬值。

由此推测，内部融资难以完全解决技术创新的资金需求，技术创新必须依赖外部融资，且技术创新的外部融资来源为股权融资。

第二节　内源融资对技术创新的影响

一、内源融资影响技术创新的模型

（一）模型设定

目前，研究企业投资的模型主要有四个：分别为新古典模型（Jorgenson，1963）、销售加速模型（Abel 和 Blanchard，1986）、FHP 模型（Fazzar，1988）和欧拉方程（Laeven，2003）。由于技术创新支出为企业投资支出的一部分，因此，一般投资模型同样也适用于研究技术创新。在早期的文献中，大多使用销售加速模型和古典模型来研究企业投资问题，很多学者在实证中发现销售加速模型和古典模型具有一定局限性，如对影响投资的因素考虑不够全面，遗漏了一些重要的变量，考虑到这些不足，FHP 模型对此进行了修正，并逐渐取代了销售加速模型和古典模型，在后期的投资决策中得到了广泛运用。而欧拉方程主要考虑未来预期收入对投资的影响，在实证中也得到了很多学者的认可。下面主要介绍 FHP 模型和欧拉方程投资模型。

1. FHP 模型[①]

詹姆斯托宾（James Tobin，1969）提出著名的托宾理论，该理论认为，托宾 Q 值可以用来衡量企业的投资机会，公司的投资支出只有与托宾 Q 值正相关，投资决策才有效率。在不考虑资本市场不完美和税率因素的情况下，公司市场价值是影响投资的决定因素，投资完全由托宾 Q 值决定。由此，投资决策的托宾模型为：

$$(I/K)_{it} = \mu_i + \mu_1 Q_{it} + u_{it} \tag{4-1}$$

在式（4-1）中，I_{it} 表示 i 公司第 t 期的投资，K_{it} 表示公司的期初资产，Q_{it} 表示企业的托宾 Q 值，u_{it} 表示误差项。

法兹里（Fazzri 等，1988）认为，在不考虑融资约束的情况下，企业的投资决策完全由托宾 Q 值决定，但存在融资约束的情况下，内部资金和外部资金的融资成本存在差异，内部资金成本低于外部资金，内部现金流就成为投资的首选渠道，在内部现金流不足的情况下，投资可能会被推迟或抑制，表现为投资不足。因而可以说，不存在融资约束时，企业投资仅受托宾 Q 值的影响，而存在融资约束时，企业投资受到内部现金流和托宾 Q 值的共同影响。Fazzri 将内部现金流引入了托宾 Q 模型，上式（4-1）调整为：

$$(I/K)_{it} = \mu_i + \mu_1 Q_{it} + \mu_2 (CF/K)_{it} + u_{it} \tag{4-2}$$

在式（4-2）中，I_{it} 表示 i 公司第 t 期的投资，K_{it} 表示公司的期初资产，Q_{it} 表示投资机会，CF_{it} 表示内部现金流，u_{it} 表示误差项，投资支出和现金流除以总资产主要是为了剔除企业规模的影响，参数 μ_2 表示企业投资对内部现金流的敏感性，用来衡量企业是否依赖内部现金流。如果 μ_2 显著为正，表示投资对企业的内部现金流存在依赖性，否则，企业不依赖内部现金流。

2. 欧拉方程投资模型

欧拉方程始于数学领域，亚伯（Abel，1980）第一次将欧拉方程用于投资

---

① 由 Fazzari，Hubbard 和 Petersen 于 1988 年在 *Brookings Papers on Economic Activity* 上发表的 *Financing Constraints and Corporate Investment* 一文中阐述的投资决策基本思想，被简称为 FHP 模型或 FHP 理论。

决策研究，分析企业最优的投资决策，邦德和梅吉尔（Bond 和 Meghir，1994）和拉文（Laeven，2003）分别基于欧拉方程分别进行了改进。原始的欧拉方程投资模型反映完美条件下企业的投资决策行为，其基本假设为公司的经营目标为追求企业价值最大化，而企业价值是经营期间预期红利折现值的总和，投资受到资本积累和外部融资约束的影响。邦德和梅吉尔（Bond 和 Meghir，1994）在凸调整成本约束下求最优资本积累，拉文（Laeven，2003）在模型中同时考虑了利润方程和成本调整函数，但不考虑破产成本和税收问题，并通过多次求导和解微分方程，推导出欧拉方程投资模型，最终用于实证的模型为：

$$(I/K)_{it} = \alpha_0 + \alpha_1 (I/K)_{i, t-1} + \alpha_2 (I/K)^2_{i, t-1} + \alpha_3 (Y/K)_{i, t-1} +$$
$$\alpha_4 (CF/K)_{i, t-1} + u_{it} + d_t + f_i \tag{4-3}$$

式中，d_t、f_i 分别表示时间和企业固定效应，Y 表示主营业务收入，α_4 表示投资对现金流的敏感系数。如果 α_4 为正，表示投资对现金流敏感。同时，对模型中各系数进行了预期，由于技术创新具有持续性，预期投资滞后期的系数 α_1 为正，且接近于 1，$(I/K)^2_{i, t-1}$ 为投资滞后期的平方，用以控制投资的调整成本，邦德和梅吉尔（Bond 和 Meghir，1994）通过模型推导，得出滞后期投资的平方项系数 α_2 显著为负。

由于 FHP 模型和欧拉方程各有独特的优势，为了得到稳健性的检验结果，本章同时使用这两个投资模型来检验我国技术创新投资是否依赖内部现金流。最终，用于实证的模型为：

$$(RD/K)_{i, t} = \alpha_0 + \alpha_1 (RD/K)_{i, t-1} + \alpha_2 (RD/K)^2_{i, t-1} + \alpha_3 (S/K)_{i, t-1} +$$
$$\alpha_4 (CF/K)_{i, t-1} \tag{4-4}$$
$$(RD/K)_{i, t} = \alpha_1 + \alpha_2 Q_{i, t} + (CF/K)_{i, t} \tag{4-5}$$

式（4-4）为欧拉方程模型，$(RD/K)_{it}$ 为第 t 期的研发投入与资产的比值，$(S/K)_{i, t-1}$ 为第 $t-1$ 期销售收入与资产的比值，$(CF/K)_{i, t}$ 为第 t 期的现金流与资产的比值。式（4-5）为托宾模型，$Q_{i, t}$ 为第 t 期的托宾 Q 值，其他变量的定义同式（4-4）。

由于影响企业技术创新投资的因素是多方面的，托宾 Q 值关系到企业未来的市场价值和潜在的投资机会，对企业的技术创新投资有决定性的影响。但企业的规模和杠杆水平也会影响到企业的技术创新决策。例如，规模大的企业是不是有更多的资金用于技术创新，杠杆率高、财务状况差的企业是不是无心于技术创新？考虑这些因素，本章在模型（4-5）的基础上继续加入企业规模和资产负债率，以控制其对企业技术创新投资支出的影响，得到如下模型：

$$(RD/K)_{i,\,t} = \alpha_1 + \alpha_2\,Q_{i,\,t} + (CF/K)_{i,\,t} + lev_{i,\,t} + size_{i,\,t} \qquad (4\text{-}6)$$

在式（4-6）中，$(RD/K)_{i,\,t}$ 为 i 公司第 t 期的技术创新投资占期初资产的比重，用技术创新投资除以期初资产是为了剔除企业规模的影响，$(CF/K)_{i,\,t}$ 为 i 公司第 t 期的现金流，$Q_{i,\,t}$ 为第 t 期的托宾 Q 值，$lev_{i,\,t}$ 为第 t 期的杠杆率，即资产负债率，$size_{i,\,t}$ 为第 t 期的公司规模，用企业期末资产的自然对数来表示。

同时，考虑到行业和年份的影响，在 FHP 模型中引入行业和时间虚拟变量，用以控制行业和年份固定效应，行业划分依据是根据中国证监会 2012 年颁布的《上市公司行业分类指引》（2012 年修订），将行业划分为 19 个大类。

（二）变量的选取

本节采用的样本与第三章第一节相同，即战略性新兴产业 773 家上市公司。在 FHP 模型和欧拉方程中，技术创新投资占总资产的比均为被解释变量，本章采用研发投入来衡量，用上市公司研发费用/期初总资产表示。研发费用数据来源于国泰安数据库和 CCER 数据库，但由于研发费用的数据不属于强制性信息披露的范围，有部分上市公司研发投入数据缺失，无法从上述数据库中得到，本章按照以下两个方法从巨潮资讯网的上市公司年报中进行手工收集主要体现在以下两点：一是若公司董事会年度报告或经营情况讨论与分析中直接披露了研发费用数据，则以此数据作为研究投入的数据；二是如果董事会报告和经营情况讨论与分析没有披露研发费用的数据，那么从财务报表附注中进行收集。收集的方法为，如果上市公司在开发支出中披露了本期开发阶段的费用，并披露了开发阶段费用占本期研发费用的比例，那么可以推算出本期研发费用；否则，用开发支出的本期增加额与管理费用中的本期研发费用[①]之和作为研发费用的数据[②]。如果上市公司在以上范围均没有研发费用相关的数据，那么将上市公司样本直接从样本中进行删除。

由于本节的目的是检验技术创新投资是否依赖内部现金流，现金流为本节的核心解释变量，本书采用当期的净利润与当期折旧之和进行测度。销售收入采用利润表中的主营业务收入数据，所有财务数据均来源于国泰安数据库。

---

① 采用管理费用中的研发费用、开发费用、技术开发费用、科研费用等。

② 按照会计准则，研发支出分为研究阶段和开发阶段，研究阶段的研发支出全部费用化，而开发阶段符合资本化的予以资本化，否则应费用化。

二、技术创新对内源融资的依赖性检验结果

为了检验战略性新兴企业的技术创新是否依赖内部现金流，本章同时采用HFP 模型和欧拉方程投资模型进行检验，回归中使用的变量均进行了前后 1%的缩尾处理。

（一）FHP 模型

对于 FHP 模型，本章按照上文设置的模型（4-5）和模型（4-6）分别进行估计，模型（4-5）为托宾基准模型，模型（4-6）为加入相关控制变量的托宾模型。为了确定面板模型的类型，本章对 FHP 基准模型和引入相关控制变量的 FHP 模型分别进行 F 检验和 Hausman 检验。由 F 检验结果可知，基准模型的 F 统计量为 12.25，相应的 P 值为 0.0000，加入相关控制变量的托宾模型的 F统计量为 12.5，相应的 P 值为 0.0000，两个模型拒绝混合回归的原假设，即认为面板模型存在个体效应。由 Hausman 检验结果可知，两个模型对应的 p 值均为 0.0000，强烈拒绝存在随机效应的原假设，故选择个体固定效应模型。具体估计结果见表 4-1。

表 4-1　FHP 模型估计结果

变量	模型 1	模型 2
CF/K	0.0351 *** （0.0076）	0.0435 *** （0.0077）
托宾 Q 值	0.0014 *** （0.0002）	0.0013 *** （0.0002）
size		0.0041 *** （0.0006）
lev		0.0063 * （0.0035）
常数项	0.0270 *** （0.0006）	−0.0654 *** （0.0125）
观察值	4739	4739
R−squared	0.031	0.048
样本数	773	773

资料来源：笔者根据 Stata 软件计算整理而得；＊、＊＊、＊＊＊分别表示在 10%、5%、1%显著性水平上显著，括号内的值为各估计参数的 t 值，下同。

表 4-1 的模型 1 为 FHP 基准模型，模型 2 为引入相关控制变量的 FHP 模型。从回归结果来看，不管是 FHP 基准模型，还是引入相关控制变量的 FHP 模型，托宾 Q 值和现金流的回归系数在 1% 的显著性水平下均显著为正，说明企业的市场价值和现金流正向影响企业技术创新投资。企业的市场价值越高，企业的技术创新投入越大，企业的现金流越大，企业的技术创新投入越高，说明我国战略性新兴产业的技术创新投资普遍依赖内部现金流。

(二) 欧拉方程

对于欧拉方程投资模型，由于解释变量中包含被解释变量的滞后项，从而构成了动态面板模型，解释变量和被解释变量之间存在相互影响的内生性关系，从而导致组内变化的滞后变量和组内变化的误差项渐进相关，如果仍然使用普通面板模型的估计方法对参数进行估计，就会出现参数估计量是有偏的，即"动态面板偏差"，因而需要使用工具变量法，以克服模型内生性导致的参数估计问题。针对这一问题，安德森和萧（Anderson 和 Hsiao，1981）提出了差分 GMM[①] 方法，该方法的原理是将估计方程进行一阶差分，以消除固定效应的影响，差分方程的被解释变量为差分项，解释变量中出现了差分项的滞后项，在扰动项不相关的前提下，滞后的被解释变量可以作为差分方程中内生解释变量的有效工具变量，即"Arellano-Bond 估计量"。但差分 GMM 方法易受弱工具变量和小样本误差的影响，针对这个问题，阿雷拉诺和博弗（Arellano 和 Bover，1995）提出了水平 GMM 方法，使用滞后的差分项作为原始方程（水平方程）中滞后被解释变量的工具变量，增加了矩约束条件的数量，据此对水平方程进行 GMM 估计。布伦德尔和邦德（Blundell 和 Bond，1998）将差分 GMM 和水平 GMM 方法结合起来，把差分方程和水平方程作为一个方程系统进行 GMM 估计，即"系统 GMM"，系统 GMM 方法相比水平 GMM 和差分 GMM，利用了更多的信息，提高了估计效率，但由于增加了矩约束条件的数量，出现了 GMM 估计量的有效性问题。有限信息极大似然估计法对弱工具变量不敏感，可以避免考虑弱工具变量问题。为了保证估计结果的稳健性，本章同时采用系统 GMM 和有限信息极大似然估计法对欧拉方程投资模型进行估计（见表 4-2）。

---

① 是广义矩估计法的简称。

表 4-2　欧拉方程投资模型估计结果

变量	系统 GMM	似然估计
L. RK	1. 202 *** （0. 0321）	1. 109 *** （0. 0435）
$(L. RK)^2$	-2. 377 *** （0. 0884）	-1. 757 *** （0. 301）
L. （CF/K）	0. 0745 *** （0. 0081）	0. 0218 ** （0. 009）
L. （S/K）	-0. 0170 *** 0. 0012）	-0. 005 *** （0. 0015）
常数项	0. 0053 *** （0. 0011）	0. 0029 *** （0. 001）
观察值	3847	3847
样本数	757	757
AR （1） E 值	-4. 1011	
AR （1） P 值	0. 0000	
AR （2） E 值	-0. 2836	
AR （2） P 值	0. 7768	

资料来源：笔者根据 Stata 软件计算整理而得；L 表示滞后一期变量，AR （1） E 值为 1 阶自相关的 E 值，AR （1） P 值为 1 阶自相关的 P 值，下同。

　　由于系统 （GMM） 估计法的前提为扰动项不存在自相关，对此进行统计检验，检验的原假设为"扰动项不存在自相关"，由表 4-2 可知，系统 GMM 的 AR （1） E 值为-4. 1011，相应的 P 值为 0. 0000，AR （2） E 值为-0. 2836，对应的 P 值为 0. 7768，表示在 5% 的显著性水平下，扰动项的差分存在一阶自相关，但不存在二阶自相关，接受"扰动项无自相关"的原假设。Saran 检验结果为 P<0. 1，说明系统 GMM 在 10% 的显著性水平下无法拒绝工具变量有效的原假设，即工具变量均是有效的，说明模型的设定是合理的。在参数估计中，本章按照布朗等 （Brown, 2009） 的估计办法，将模型右边的变量均视为内生变量。

　　由表 4-2 的回归结果可以看到，有限信息极大似然估计和系统 GMM 估计的系数估计值和正负号非常接近，现金流滞后期的系数都为正数，且在 5% 的显著性水平下显著，说明我国战略性新兴产业上市公司的现金流对技术创新投资有明显的促进作用，即企业的技术创新投资对内部现金流存在明显的依赖性，根据 FHP 理论，这是因为资本市场存在信息不对称，使外部融资成本明显高于内部融资成本，导致企业从外部融资不仅成本高，而且难度大，因而企业的技术创新会依赖内部现金流。从技术创新性投资滞后期的回归系数来看，GMM 估计法和似然估计法中，该系数显著为正，说明上期的技术创新投资对本期的技术创新投资有显著的正向影响，这与技术创新的投资周期长和持续性特点有紧密的关系，因为技术创新项目往往投资周期较长，大多在几年内完成，有的甚至几十年，但是一旦中断投资，前期的投资也就无法收回，而且前期投资越高，沉没成本越高，当期只有投入更多的资金，才能更快地回收投资成本，完成技术创新项目，这表明技术创新投资具有一定的延续性和持续性特点。此外，在两个模型中，技术创新投资滞后期的平方在1%的显著性水平均为负，这印证了邦德和梅吉尔（Bond 和 Meghir，1994）在推导欧拉方程投资模型时的预期。

从（FHP）模型和欧拉方程投资模型的分析结果可知，两个模型中现金流的回归系数均显著为正，这种正相关性表明企业技术创新投资明显受到企业内部现金流的影响，现金流越大，企业技术创新投入越大，技术创新投资对内部现金流有强烈的依赖性。

第三节　外部融资对技术创新的影响

一、外部融资影响技术创新的模型

(一) 模型设定

第二节实证检验了技术创新对内部现金流存在依赖性，但是企业资金渠道除了内部现金流之外，还有外源融资，包括银行贷款、商业信用、股票融资等融资方式。从融资目的来看，不管企业通过何种融资方式获取技术创新的资金，主要都是为了满足企业技术创新投资的资金需求，实质是企业进行了资源配置的操作。企业进行内源融资，是将经营活动中产生的资金转化为投资资金，实质是将企业的储蓄转化为投资的过程，主要资金来源为企业的自有资产或经营过程中所积累的部分资金，由留存收益或折旧构成，具有成本低、自主性、抗风险性等特点。然而，创新型企业受制于企业自身的生产规模、经营业绩等因素，自有资产价值或生产经营过程中所积累的资金规模往往是有限的，一般情况下通过内部融资很难满足企业自身的发展需要，这时就需要借助于外源融资。相比于内源融资，外源融资是向企业之外的其他经济主体筹集资金，其资金来源多样化。

随着我国金融业的发展和资本市场的繁荣，金融产品和融资工具不断创新，企业融资方式呈现多样化的特点，企业的融资渠道更加广泛，除传统的银行贷款融资方式之外，还有股权融资、债券融资、商业信用、银行表外融资等多种方式。根据本章第一节的技术创新的融资来源机制分析，得到的结论为我国战略性新兴产业技术创新的外部资金来源为股权融资。下文将进行技术创新外部融资方式的实证检验。

布朗等（Brown 等，2009）为了研究内部现金流和股权融资对技术创新是否存在影响，对欧拉方程进行了拓展，把内部现金流和股权融资的当期值和滞后值均引入了欧拉方程，以检验企业的技术创新是否依赖内部现金流和股权融资。考虑到我国资本市场的实际情况，本章不仅考虑内部现金流和股权融资，而且考虑债权融资、商业信用和非正规渠道融资①等多种外部融资渠道。考虑债权融资是因为我国资本市场还不够发达，股权融资所占比重较小，银行贷款是目前我国企业外部融资的主要方式。根据相关统计数据，2017 年我国社会融资规模存量为 19.44 万亿元，其中，股票融资 8759 亿元，占比 4%，企业债券 4421 亿元，占比 2%，可以看到，直接融资方式在我国企业融资中占比较小，而最主要的融资方式仍然为银行贷款这种间接融资方式。考虑商业信用是因为在中国特殊的转型背景下，商业信用成为了中国企业的融资渠道，对于中小企业和融资环境较差的企业，商业信用在融资中发挥了一定的作用，缓解了企业的资金压力（孙浦阳和李飞跃，2014；张杰和冯俊新，2011）。考虑非正规渠道融资是因为随着金融的发展，出现了民间融资、互联网等多种融资形式，在一定程度上为拓宽企业的外部融资渠道，在企业外部融资中占有一定的比重，对中小企业的发展产生一定程度的影响，非正规金融由于融资信息优势和现金替代优势，可以有效地促进企业创新（刘政和杨先明，2017）。因此，本章考虑企业技术创新的五种融资渠道分别为内部现金流、股票融资、债务融资、商业信用和非正规渠道融资。其中，内部现金流为内源融资，其他四种方式均为外源融资。为了分析各种外部融资渠道对技术创新投资的影响，本章按照布朗等（Brown 等，2009）的构建思路将欧拉方程进行拓展，在考虑内部现金流的基础

---

① 非正规渠道融资是指通过股市或银行以外的渠道进行融资，不含内部现金流。

上，将股票融资、债务融资、商业信用和非正规渠道资金四种外部融资渠道逐步引入欧拉方程，构建的用于实证分析的计量模型为：

$$
\begin{aligned}
(RD/K)_{i,t} = & \alpha_1 (RD/K)_{i,t-1} + \alpha_2 (RD/K)^2_{i,t-1} + \alpha_3 (S/K)_{i,t} + \\
& \alpha_4 (S/K)_{i,t-1} + \alpha_5 (CF/K)_{i,t} + \alpha_6 (CF/K)_{i,t-1} + \\
& \alpha_7 (Stk)_{i,t} + \alpha_8 (Stk)_{i,t-1} + v_{i,t}
\end{aligned} \tag{4-7}
$$

$$
\begin{aligned}
(RD/K)_{i,t} = & \alpha_1 (RD/K)_{i,t-1} + \alpha_2 (RD/K)^2_{i,t-1} + \alpha_3 (S/K)_{i,t} + \\
& \alpha_4 (S/K)_{i,t-1} + \alpha_5 (CF/K)_{i,t} + \alpha_6 (CF/K)_{i,t-1} + \\
& \alpha_9 (Debt)_{i,t} + \alpha_{10} (Debt)_{i,t-1} + v_{i,t}
\end{aligned} \tag{4-8}
$$

$$
\begin{aligned}
(RD/K)_{i,t} = & \alpha_1 (RD/K)_{i,t-1} + \alpha_2 (RD/K)^2_{i,t-1} + \alpha_3 (S/K)_{i,t} + \\
& \alpha_4 (S/K)_{i,t-1} + \alpha_5 (CF/K)_{i,t} + \alpha_6 (CF/K)_{i,t-1} + \\
& \alpha_{11} (Cred)_{i,t} + \alpha_{12} (Cred)_{i,t-1} + v_{i,t}
\end{aligned} \tag{4-9}
$$

$$
\begin{aligned}
(RD/K)_{i,t} = & \alpha_1 (RD/K)_{i,t-1} + \alpha_2 (RD/K)^2_{i,t-1} + \alpha_3 (S/K)_{i,t} + \\
& \alpha_4 (S/K)_{i,t-1} + \alpha_5 (CF/K)_{i,t} + \alpha_6 (CF/K)_{i,t-1} + \\
& \alpha_{13} (Infm)_{i,t} + \alpha_{14} (Infm)_{i,t-1} + v_{i,t}
\end{aligned} \tag{4-10}
$$

在式（4-7）~式（4-10）中，因变量 $(RD/K)_{i,t}$ 为 i 公司第 t 期的技术创新投资，$(S/K)_{i,t}$ 为 i 公司第 t 期的销售收入，$(S/K)_{i,t-1}$ 为 i 公司第 $t-1$ 期的销售收入，$(Stk)_{i,t}$、$(Debt)_{i,t}$、$(Cred)_{i,t}$、$(Infm)_{i,t}$ 分别为 i 公司第 t 期的股权融资额、债务融资额、商业信用融资额和非正规渠道融资额。由于本节是为了研究技术创新投资是否对各种融资渠道的资金存在依赖性，在下面的分析中会重点关注各个融资变量的回归系数的大小和显著性。

（二）变量的选取

本节涉及的各个变量的定义及说明见表4-3。

表4-3 变量的定义及说明

变量名称	变量代码	变量数据集说明
技术创新	RD/K	当年研发支出/期初总资产，研发支出数据在本章第二节进行了详细的说明

变量名称	变量代码	变量数据集说明
销售收入	S/K	当年销售收入/期初总资产，其中销售收入采用利润表中主营业务收入
内部现金流	CFK	（企业当期净利润+当期折旧费）/期初资产，其中当期折旧费＝当期累计折旧-上期累计折旧
股票融资	Stk	企业当期发行股票筹集的资金与期初资产之比，其中发行股票筹集的资金来自现金流量表中"吸收权益性投资收到的现金"
债务融资	Debt	企业当期新增贷款与期初资产之比，其中新增贷款来自现金流量表中"取得借款收到的现金"
商业信用	Cred	应付账款、应付票据与预收账款之和与期初资产之比
非正规资金	Infm	企业当期非正规融资资金与期初资产之比，非正规资金来自现金流量表中"收到的其他与筹资活动有关的现金"

资料来源：笔者根据变量整理而得。

二、技术创新对外部融资的依赖性检验结果

由于模型中不仅涉及各融资渠道变量的当期值，还涉及滞后值，当两者对技术创新投资的影响方向不一致时，很难直接分析该解释变量对被解释变量的影响。本书参照布朗等（Brown 等，2009）对模型中回归系数解释的方法，通过卡方检验来说明各融资渠道对技术创新的影响。卡方检验的原假设为，融资渠道当期项和滞后项回归系数之和为零，如果卡方检验拒绝原假设，说明融资渠道对技术创新的影响是显著的，当期项和滞后项回归系数之和为正值，说明该融资渠道对技术创新的影响为正向作用，否则，为负向作用。

表4-4检验了技术创新投资对外部融资渠道的依赖性。第（2）~第（5）列为在内部现金流的基础上分别加入了股权融资、债务融资、商业信用和非正规融资后的模型。从模型设定上来看，4个模型的扰动项的差分均存在一阶自相关，但不存在二阶自相关，接受原假设"扰动项无自相关"，Sargan 值在5%的显著性水平下无法拒绝"所有工具变量均有效"的原假设，说明模型设定是

合理的。由内部现金流的系数可知，模型1、模型2、模型3和模型4的现金流当期和滞后期系数之和在1%的显著性水平下均显著为正，对当期和滞后期系数之和进行卡方检验，四个模型中均拒绝了"系数之和为0"的原假设，说明不管在模型中考虑哪种外部融资渠道，现金流对技术创新投资的正向作用一直保持不变，再次说明了我国战略性新兴产业上市公司的技术创新投资对内部现金流存在依赖性。从各融资渠道的系数来看，模型1中股权融资的当期和滞后期系数分别显著为正和为负，两者总和为0.002（卡方检验P值为0.0095，结果拒绝了"当期和滞后期之和为0"的原假设），说明股权融资对我国战略性新兴产业技术创新投资有正向的促进作用，股权融资是我国战略性新兴产业技术创新投资的主要融资来源。由模型2检验结果可知，债务融资的当期值系数不显著，滞后期系数显著为负，说明债务融资不仅没有成为技术创新投资的融资渠道，反而制约了企业的技术创新投资。模型3检验结果显示，商业信用的当期和滞后期系数分别显著为正和为负，两者系数之和为-0.0031，但卡方检验接受了系数之和为0的原假设（卡方检验P值为0.2174），说明商业信用不是我国战略性新兴产业技术创新的主要融资来源。模型4检验结果显示非正规渠道融资的当期系数不显著，而滞后期系数显著为负，说明非正规渠道融资也不是我国战略新兴产业技术创新的融资来源。

表4-4　技术创新外部融资渠道的检验结果

变量	模型1	模型2	模型3	模型4
L. RK	1.050 ***	1.102 ***	1.221 ***	1.172 ***
	(0.0200)	(0.0186)	(0.0203)	(0.0178)
$(L.RK)^2$	-1.753 ***	-1.917 ***	-2.420 ***	-2.085 ***
	(0.0556)	(0.0517)	(0.0550)	(0.0400)
CFK	-0.0491 ***	-0.0651 ***	-0.0807 ***	-0.0625 ***
	(0.0086)	(0.0065)	(0.0065)	(0.0045)
L. CFK	0.0827 ***	0.0793 ***	0.107 ***	0.0977 ***
	(0.0063)	(0.0046)	(0.0040)	(0.0042)
S/K	0.0235 ***	0.0215 ***	0.0185 ***	0.0271 ***
	(0.0012)	(0.0012)	(0.0010)	(0.0009)

续表

变量	模型 1	模型 2	模型 3	模型 4
L. S/K	−0.0243***	−0.0219***	−0.0155***	−0.0308***
	(0.0010)	(0.0010)	(0.0008)	(0.0007)
Stk	0.0109***			
	(0.0005)			
L. Stk	−0.0089***			
	(0.0008)			
debt		0.0005		
		(0.0007)		
L. debt		−0.0110***		
		(0.0004)		
Cred			0.0225***	
			(0.0027)	
L. Credit			−0.0256***	
			(0.0005)	
Inform				−0.0012
				(0.0031)
L. Inform				−0.0076***
				(0.0023)
常数项	0.0007	0.0021***	−0.0048***	−9.40e−05
	(0.0007)	(0.0006)	(0.0008)	(0.0005)
观测值	3847	3602	3847	3231
样本数	757	721	757	691
AR(1)E 值	−6.2581	−4.9157	−5.4243	−5.156
AR(1)P 值	0.0000	0.0000	0.0000	0.0000
AR(2)E 值	−0.4181	−0.7633	−0.7033	−0.9812
AR(2)P 值	0.6759	0.4453	0.4818	0.3256
Sargan 值	0.1626	0.0885	0.2768	0.1186

资料来源：笔者根据 Stata 软件计算整理而得。

上述检验结果表明，对我国战略性新兴产业的上市公司来说，内部现金流和股权融资是进行技术创新的主要资金渠道，商业信用和非正规渠道资金均没有对技术创新投资产生影响，而债务融资不仅没有促进企业技术创新，反而制约了企业的技术创新投资，不是技术创新的主要融资来源。随着研发强度的上升，研发密集型公司越来越依赖于股票融资（Brown，2011）。由此可以得到结论：我国战略性新兴产业的技术创新依赖于外部融资的股权融资。

本章小结

本章通过分析技术创新的融资渠道，进而分析融资约束是否影响技术创新。如果技术创新依赖外部融资，那么必然受到企业融资约束的影响；如果技术创新仅由内部资金进行解决，不依赖外部融资，那么就不会受到融资约束的影响。为了检验技术创新的融资渠道，以 2009~2017 年我国战略性新兴产业上市公司为样本，建立面板动态模型来分析各种融资渠道对技术创新的影响。

第一，融资渠道对技术创新的影响机制分析。本章从理论机制上分析了技术创新的融资渠道，即技术创新主要依赖内部现金流和外部股权融资。

第二，内源融资对技术创新的影响。采用 FHP 模型和欧拉方程投资模型分析了我国战略性新兴产业技术创新投资对内部现金流是否存在依赖性，发现不管采用哪种模型，得到的结论均为：我国战略性新兴产业上市公司的内部现金流对技术创新投资有明显的促进作用，即企业的技术创新投资对内部现金流存在明显的依赖性。

第三，外部融资对技术创新的影响。通过将股权融资、债务融资、商业信用和非正规渠道融资四种外部融资来源引入投资模型进行检验，发现技术创新除了依赖内部现金流之外，还明显依赖外部融资，股权融资是我国战略性新兴产业技术创新投资的主要外部资金渠道，而债务融资、商业信用和非正规渠道资金均没有对技术创新投资产生正向影响，不是技术创新的主要融资来源。由此可知，我国战略性新兴产业的技术创新依赖于外部融资，需要到外部资本市场进行融资，因此技术创新必然受到企业融资约束的影响。

第五章

微观视角下融资约束对企业技术创新的影响

由第四章分析结果可知，我国战略性新兴产业技术创新投资不可避免地受到企业融资约束的影响。那么融资约束如何影响企业技术创新呢？这种影响是否和企业属性、行业属性有关呢？本章将围绕这些问题进行分析。本章具体内容安排如下：首先，从理论机制上分析融资约束对技术创新的影响；其次，利用我国战略性新兴产业上市公司的数据进行实证检验，并基于不同的企业属性进行异质性分析；最后，进行实证结果的稳健性检验。

第一节 微观视角下融资约束影响企业技术创新的理论分析

一、微观视角下融资约束影响企业技术创新的理论基础

假设企业技术创新项目的投资费用为 I，而企业在 t 时刻的资金状况为：企业拥有现金资产 A_t，非现金资产的变现价值为 B_t（主要指现金等价物，即可以给企业带来现金流的实物资产），企业技术创新的投资费用可以由两种资金来源进行解决，即内部资金和外部融资。T 时刻的内部资金为 $A_t + B_t$，而外源资金是指向企业以外的其他经济主体筹集资金，主要包括债权融资和股权融资。如果企业要进行技术创新，在内源资金受限的情况下，企业就会进行外源融资。而外源融资的资金规模不仅受融资成本的影响，而且受资本市场整体融资环境的影响（资本市场趋好的时候，融资容易，否则，融资较难）。设企业在 t 时刻的外源资金为 C_t，则 $C_t = \varepsilon V(P_t)$，式中，$V(P_t)$ 表示技术创新项目的市场价

值，ε 表示外源融资系数，企业为技术创新项目进行融资，可以获得的资金规模与技术创新项目的市场价值密切相关，曾勇（2006）指出，受到资本市场道德风险和委托代理等问题的影响，企业一般能够获取的外部融资金额小于技术创新项目的市场价值，所以 $0 \leq \varepsilon \leq 1$，$\varepsilon$ 可以反映企业从外部融资的难易程度，ε 越大，反映企业从外部融资的能力越强，因而 ε 可以反映企业面临的融资约束程度的大小。只有当企业获取的融资金额大于技术创新投资所需费用时，企业才有可能做出技术创新的投资决策，即 $A_t + B_t + \varepsilon V(P_t) \geq I$。

参照曾勇（2006）的做法，假设企业进行技术创新后，生产的新产品在市场上的价格为 P，由于 P 受市场不确定性的影响，假定价格 P 服从几何布朗运动，即：

$$dP_t = \alpha P_t dt + \sigma P_t dW_t \tag{5-1}$$

在式（5-1）中，系数 α 和 σ 分别表示漂移率和标准差（波动率），αP_t 和 σP_t 分别表示漂移系数和扩散系数，会随时间变化而变化，$P_0 = P$，dW_t 为标准维纳过程增量。假定产品的单位成本为 C，企业所得税的税率为 θ，那么企业生产单位产品带来的利润为 $(1 - \theta)(P_t - C)$。

假定技术创新后，企业采用新技术进行生产，那么企业的市场价值为 $V^U(P)$，根据实物期权模型，企业的市场价值 $V^U(P)$ 必须满足如下的贝尔曼方程：

$$rV^U(P)dt = (1 - \theta)(P_t - C)dt + E[dV^U(P_t)] \tag{5-2}$$

式（5-2）表示，在一段连续的时间 dt 内，企业资产获得的预期总收益等于当期收益与预期资本收益之和，$(1 - \theta)(P_t - C)dt$ 为在时间 dt 内，企业新产品获得的收益，$E[dV^U(P_t)]$ 为企业预期的资产收益。根据伊藤引理将上式展开得：

$$dV^U(P_t) = (\frac{\partial V}{\partial P_t}\alpha P_t + \frac{\partial V}{\partial t} + 0.5\frac{\partial^2 V}{\partial P_t}\sigma^2 P_t^2)dt + \frac{\partial V}{\partial P_t}\sigma P_t dz \tag{5-3}$$

其中，z 表示维纳过程，将式（5-3）代入式（5-2），得到以下式子：

$$0.5\frac{\partial^2 V}{\partial P_t}\sigma^2 P_t^2 + \frac{\partial V}{\partial P_t}\alpha - rV^U(P) + (1 - \theta)(P_t - C) = 0 \tag{5-4}$$

假定 $V^U(P)$ 对 P 的一阶和二阶导数分为 $V_P^U(P)$ 和 $V_{PP}^U(P)$，则式（5-4）变为：

$$0.5V_{PP}^U(P)\sigma^2 P_t^2 + \alpha V_P^U(P) - rV^U(P) + (1 - \theta)(P_t - C) = 0 \tag{5-5}$$

方程（5-5）的通解为：

$$V^U(P) = A_1 P^{\beta_1} + A_2 P^{\beta_2} + (1-\theta)\left[\frac{P}{r-\alpha} - \frac{C}{r}\right] \tag{5-6}$$

当企业内部资金无法满足技术创新的资金需求时，为保证技术创新项目的正常开展，企业需进行外源融资，设单位融资成本为 m，企业的利润流调整为：

$$R = \begin{cases} (1-\theta)(P_t - C) & P_t \geqslant C \\ -m(C - P_t) & P_t < C \end{cases}$$

此时，贝尔曼方程为：

$$rV^U(P)dt = \begin{cases} (1-\theta)(P_t - C)dt + E[dV^U(P_t)] & P_t \geqslant C \\ -m(C-P_t)dt + E[dV^U(P_t)] & P_t < C \end{cases} \tag{5-7}$$

当 $P_t \geqslant C$ 时，贝尔曼即为第一个方程，方程的通解为：

$$V^U(P) = A_1 P^{\beta_1} + A_2 P^{\beta_2} + (1-\theta)\left[\frac{P}{r-\alpha} - \frac{C}{r}\right] \tag{5-8}$$

其中，$\beta_1 > 1$ 和 $\beta_2 < 0$ 为二次方程 $0.5\sigma^2\beta(\beta-1) + \alpha\beta - r = 0$ 的两个根，A_1 和 A_2 为待定系数。当 $P_t \geqslant C$ 时，利润为 $(1-\theta)(P_t - C)$，当 P_t 下降到低于 C 时，企业需要承担的亏损为 $(1-\theta)(P_t - C)$，而现金流入的预期现值为 $(1-\theta)\frac{P}{r-\alpha}$，现金流出的预期现值为 $(1-\theta)\frac{C}{r}$，利润的预期现值为 $(1-\theta)\left[\frac{P}{r-\alpha} - \frac{C}{r}\right]$，构成了通解的后两项，通解的前两项为当价格下降到比成本低时，企业通过融资获取资金，从而避免承受高于融资成本 $(1-\theta)(P_t - C)$ 亏损的期权价值。当价格很大时，企业不可能亏损，期权价值为零，$A_1 P^{\beta_1}$ 无穷大，即 $A_1 P^{\beta_1} + A_2 P^{\beta_2} = 0$，所以 $A_1 = 0$，那么通解：

$$V^U(P) = A_2 P^{\beta_2} + (1-\theta)\left[\frac{P}{r-\alpha} - \frac{C}{r}\right] \tag{5-9}$$

当 $P_t < C$ 时，贝尔曼方程为：

$$rV^U(P)dt = -m(C-P_t) + E[dV^U(P_t)] \tag{5-10}$$

根据伊藤引理将式（5-10）进行展开，并得到方程的通解为：

$$V^U(P) = B_1 P^{\beta_1} + B_2 P^{\beta_2} - m\left[\frac{C}{r} - \frac{P_t}{r-a}\right] \tag{5-11}$$

同理，$-m\left[\dfrac{C}{r} - \dfrac{P_t}{r-a}\right]$ 表示利润的预期现值，通解的前两项为当经营状况好转，企业不需要融资来支付融资成本的期权价值。当价格很低时，企业经营状况好转，不需要融资来满足运营支出的可能性很小，期权价值为零，那么 $B_1 P^{\beta_1} + B_2 P^{\beta_2} = 0$，而 $B_2 P^{\beta_2}$ 无穷大，所以 $B_2 = 0$，那么通解：

$$V^U(P) = B_1 P^{\beta_1} - m\left[\frac{C}{r} - \frac{P_t}{r-a}\right] \tag{5-12}$$

所以技术创新后企业的价值为：

$$V^U(P) = \begin{cases} A_2 P^{\beta_2} + (1-\theta)\left[\dfrac{P}{r-\alpha} - \dfrac{C}{r}\right] & P_t \geqslant C \\[3mm] B_1 P^{\beta_1} - m\left[\dfrac{C}{r} - \dfrac{P_t}{r-a}\right] & P_t < C \end{cases} \tag{5-13}$$

假定企业要进行技术创新的投资决策，那么必须分析投资机会的价值和投资门槛，假定投资门槛为 P_0，投资机会的价值为 $F(P)$，$F_P(P)$ 和 $F_{PP}(P)$ 为 $F(P)$ 对 P 的一阶和二阶导数，I 表示技术创新的投资成本，那么投资机会的价值方程和边界条件为：

$$0.5 F_{PP}(P)\sigma^2 P^2 + \alpha P F_P(P) - rF(P) = 0 \tag{5-14}$$

$$F(P_0) = V^U(P_0) - I \tag{5-15}$$

式（5-7）的通解为：

$$F(P) = C_1 P^{\gamma_1} + C_2 P^{\gamma_2} \tag{5-16}$$

其中，$\gamma_1 > 1$ 和 $\gamma_2 < 0$ 为二次方程 $0.5\sigma^2\gamma(\gamma-1) + \alpha\gamma - r = 0$ 的两个根，当价格 P 很小时，企业的投资价值 $F(P)$ 无限趋于零，则 $C_2 = 0$，方程（5-7）的通解为：

$$F(P) = C_1 P^{\gamma_1} \tag{5-17}$$

当 $P_t < C$ 时，企业技术创新后产品带来的利润率为负，企业不会进行技术创新投资决策，而当 $P_t \geqslant C$ 时，企业才有进行技术创新的可能性，而根据前述分析，技术创新后企业的价值为式（5-8），即 $A_2 P^{\beta_2} + (1-\theta)\left[\dfrac{P}{r-\alpha} - \dfrac{C}{r}\right]$，根据式（5-8）和式（5-17）可得价值匹配和光滑粘贴条件为：

$$C_1 P^{r_1} = A_2 (P_0)^{\beta_2} + (1 - \theta) \left[\frac{P_0}{r - \alpha} - \frac{C}{r} \right] - I \tag{5-18}$$

$$\gamma_1 C_1 P^{\gamma_1 - 1} = \beta_2 A_2 (P_0)^{\beta_2 - 1} + (1 - \theta) \frac{1}{r - \alpha} \tag{5-19}$$

联立式（5-18）和式（5-19）可得 P_0 满足如下方程：

$$(\gamma_1 - \beta_2) A_2 (P_0)^{\beta_2} + (\gamma_1 - 1)(1 - \theta) \frac{P_0}{r - \alpha} - \gamma_1 \left[(1 - \theta) \frac{C}{r} + I \right] = 0$$
$$\tag{5-20}$$

由于 γ_1 满足方程 $0.5\sigma^2 \gamma_1 (\gamma_1 - 1) + \alpha\gamma - r = 0$，且 $\gamma_1 > 1$，而 β_2 满足方程 $0.5\sigma^2 \beta(\beta - 1) + \alpha\beta - r = 0$，且 $\beta_2 < 0$，将 γ_1 和 β_2 代入式（5-20），由于常微分方程组难以求解，本章采用流动迭代法进行数值模型，基本参数取值为 $r = 0.04$，$\alpha = 0$，$I = 100$，$C = 15$，$\theta = 0.2$，单位融资成本 $m = 0$、0.5 和 0.8，最终数值模拟结果见图 5-1：

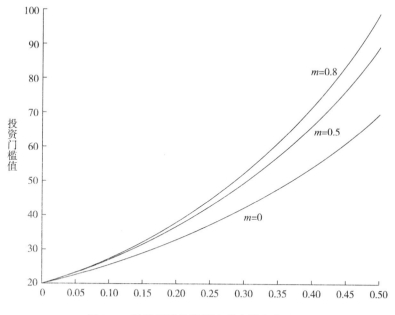

图 5-1 投资门槛值随融资成本的变化关系

图 5-1 刻画了投资门槛值与单位融资成本、波动率之间的关系，纵轴是投资门槛值，横轴是波动率，三条曲线分别为不同单位融资成本下的波动率与投资门槛值之间的关系，单位融资成本分别为 0、0.5 和 0.8。第一章说明了融资

约束表现为两个方面：一是融资难易度，二是融资成本，由于融资难易度在理论模型中难以衡量，而且融资难易度最终也会反映到融资成本上，本章用单位融资成本 m 来反映融资约束程度。图 5-1 显示，在市场波动率确定的条件下，随着单位融资成本的增加，投资门槛值随之增加，说明融资约束会延缓企业的技术创新投资，主要是融资成本越高，未来经营状况变差而内部资金不足时，需支付的融资费用越高，当资本的边际收益小于资金的边际成本时，企业会放弃投资或等待融资成本变低时再进行技术创新投资。且随着波动率的增加，融资成本延缓投资的作用更加明显。同时，通过投资门槛值和波动率的关系可知，随着融资约束程度的增加，不确定性程度也会随之增加。

二、微观视角下融资约束影响企业技术创新的机制分析

(一) 融资约束影响企业进行技术创新的意愿和积极性

第一，由于技术创新具有溢出效应，虽然溢出效应可以加快技术的扩散，降低整个社会的技术创新成本，给全社会带来收益。但对于技术创新企业来说，技术创新的这种溢出效应意味着技术创新收益被全社会所共享，在某种程度上摊薄了企业应得的创新收益，导致技术创新企业无法得到与前期大量资金投入相匹配的收益，无法独自享受技术创新的成果和创新收益，边际收益下降，其收益大小将直接关系到企业进行技术创新的积极性。当企业技术创新的收益小于技术创新成本时，企业将不会进行技术创新。同时，由于技术创新的溢出效应，企业也希望成为溢出效应的受益者，通过"搭便车"享受收益，而不是技术创新的扩散者，也就是说，企业宁愿通过技术创新的外部效应享受技术创新的成果，也不愿意去花费大量的资金和人力进行技术创新活动。因而，受技术创新外部性特征的影响，企业进行技术创新的意愿和积极性本来就不高。

第二，融资约束导致的外部融资困难降低了企业技术创新的积极性。由于技术创新资金投入大、资金占用时间长，仅仅依赖内部现金流难以解决资金需求，因此技术创新企业会借助外部融资。假设企业的技术创新分为研发和新产品生产两个阶段，不管是哪个阶段都需要较大的资金投入，任一阶段资金的限制都会影响技术创新的实施。企业往往会在技术创新的初始阶段（研发阶段）依赖于外部融资，如果此时外部融资困难，那么企业在开始阶段就会受资金的限制而放弃技术创新。如果在研发阶段出于融资成本的考虑首先使用内部现金

流进行研发，那么由于研发阶段本身占用了过多的资金，流动性降低，在新产品的生产阶段企业会更依赖外部资金，在这种情况下，外部融资成本和难度的增加会限制企业生产创新产品的能力，从而抑制了企业的技术创新，所以说不管企业在技术创新的哪个阶段面临融资约束，均会导致企业进行技术创新活动的意愿下降。

第三，技术创新具有投资成本的不可逆性和未来收益的不确定性特点，且创新能否成功以及未来市场效应如何都具有不确定性。根据实物期权理论可知，这种不确定性会不断增加企业的投资门槛值，抑制企业进行技术创新的意愿。当企业面临未来不确定性因素较大时，企业会暂缓投资，以等待掌握更多的信息再来决定是否进行技术创新。

第四，由于技术创新需要较高的投资，不管是人员投入还是资金投入，且这种投入需持续较长的时间，才能给企业带来回报，客观上要求企业在技术创新的这段时间内保持良好的资金状况，以保证技术创新的持续资金投入。一旦企业面临严重的融资约束，无法保证技术创新的资金供应，技术创新就会从此中断，前期大量投入也无法收回，成为沉没成本，因此融资约束更加抑制了企业进行技术创新的意愿。受融资约束的影响，当企业面临融资约束时，外部融资成本明显高于内部资金成本，那么即使通过测算有些净现值为正的技术创新项目，企业也会推迟或暂缓，以等到融资约束状况得到缓解后，再决定是否实施该项技术创新项目。

（二）融资约束推迟了技术创新

第一，融资约束导致企业内外融资成本存在差异。根据融资约束理论，当企业面临融资约束时，外部融资成本明显高于内部成本，而企业如果要进行技术创新，需要大量持续的资金投入，仅依靠内部现金流，无法满足技术创新的资金需求，外部融资的高成本增加了企业技术创新的成本。所以，当企业面临融资约束时，外部昂贵的融资成本使企业资金成本增加，提高了企业的投资成本，当这种投资成本增大到高于项目预期的现金流的现值时，根据净现值理论，企业就会放弃投资，使原本可以实施的项目由此而延缓，因此，融资约束抑制了企业的技术创新活动。

第二，融资约束导致外部融资难度大。布朗（Brown，2011）发现，技术创新投资的主要资金来源为股权融资，即通过在资本市场寻找投资者来解决技术创新的资金需求。投资者的投资决策主要源于对项目未来发展前景和未来收益情况，所以必须充分掌握技术创新项目的相关信息，由于技术创新项目主要的产出为如何制造产品和提供服务的知识性产品，具有非排他性，很容易被其他投资者模仿（Hall，2002），因而技术创新过程会严格保密，使关于技术创新的信息披露较少①，投资者对技术创新项目的信息掌握不充分，特别是对于技术创新项目成功的可能性和未来的市场前景，即出现"柠檬市场"，导致创新者和投资者对于技术创新项目的信息存在严重的信息不对称，严重影响到外部投资者进行投资决策。当企业面临融资约束时，金融市场会通过金融加速器效应更加大了企业外部融资的难度，影响未来几年流入企业的融资资金，对技术创新的未来现金流造成影响，从而抑制了企业的技术创新投资决策。所以，可以说，技术创新项目本来外部融资难，如果企业面临融资约束，更加加大了技术创新外部融资的难度，抑制了企业的技术创新。

第三，融资约束导致信息不对称程度增加。融资约束在某种程度上可以反映资金需求者和资金供给者之间的信息不对称，融资约束程度越高，意味着投资者和企业之间的信息不对称程度越高，那么投资者就越难以了解技术创新项目的真实市场价值，提供资金的可能性就越低，企业得到外部融资的可能性就越小。霍腾罗特和彼得斯（Hottenrott 和 Peters，2009）指出，由资本市场不完美导致的融资约束会使创新投资降至期望水平以下。艾格和克什尼格（Egger 和 Keuschnigg，2015）指出，进行研发的创新企业相比于其他企业拥有更多的投资机会和更高的生产率，但也更容易受到外部融资约束的影响。因此，从信息不对称来看，融资约束会抑制技术创新。

由于技术创新的外部性特征，企业进行技术创新的意愿和积极性本来就不高。如果企业面临融资约束，内部资金无法满足技术创新的资金需求，外部融资成本过高，难度过大，技术创新受资金的限制最终无法开展或推迟开展，所以融资约束抑制了企业的技术创新活动。

---

① 由于我国信用评估体系还不够完善，投资者获取企业信息的渠道有限，即使是上市公司，大多也仅披露法律规定必须强制披露的财务信息，而对于技术创新等非财务信息，特别是技术创新的具体项目信息，属于自愿性披露信息，我国企业披露的信息较少，质量较低。

第二节 微观视角下融资约束影响企业 技术创新的模型设定

一、理论假设

由第一节的理论模型和机制分析可知，当企业融资约束程度增加时，企业的技术创新活动受到抑制。因而，提出假设1。

假设5.1 融资约束负向影响企业技术创新活动，即融资约束对企业技术创新具有抑制效应。

为了研究融资约束对技术创新活动的影响，本章从技术创新投入和产出两个角度构建如下两个模型，技术创新投入模型如下：

$$Innovationg_{i,t} = \alpha_0 + \alpha_1 Fconstraints_{i,t-1} + \sum \theta_i x_{i,t-1} + ind_{i,t} + \theta_t + \varepsilon_{i,t}$$

$$(5-21)$$

在式（5-21）中，被解释变量 $Innovationg_{i,t}$ 表示当期变量，所有解释变量和控制变量均为滞后一期变量，$Innovationg_{i,t}$ 为 i 公司在第 t 年的技术创新投入，用研发强度和研发密集度两个变量进行表示。考虑到技术创新的持续性特点，本章在模型设置时，将解释变量和控制变量均滞后一期（除公司年龄变量外）。$Fconstraints_{i,t-1}$ 为融资约束变量，表示 i 公司第 $t-1$ 年的融资约束水平，$x_{i,t-1}$ 表示控制变量，$\sum \theta_i x_{i,t-1}$ 为控制变量组成的向量组合，本章涉及的控制变量包括公司规模、公司年龄、托宾 Q 值、股权集中度、销售增长率、现金流比率。$ind_{i,t}$ 表示行业效应，θ_t 表示时间效应，$\varepsilon_{i,t}$ 表示综合误差。

由于本章测度技术创新产出的被解释变量专利申请数为离散型变量，不一定能满足线性回归的假设条件，因而采用面板计数模型。根据专利申请数的分布特征可知，方差与均值差异较大，方差明显大于均值，可能存在过度分散，难以满足泊松回归的方差与期望相等的条件，所以，本章采用面板负二项回归。

假设企业申请专利数为 Y_{it}（下标 i 表示观察到的特定企业，下标 t 表示观察的特定年份）的概率由参数为 λ_{it} 的泊松分布所决定：

$$P(Y_{it} = y_{it} \mid x_{it}) = \frac{e^{-\lambda_{it}} \lambda_{it}^{y_{it}}}{y_{it}!} (y_{it} = 0, 1, 2, \cdots) \tag{5-22}$$

在式（5-22）中，$\lambda_{it} > 0$ 为事件平均发生的次数，为了保证 λ_{it} 为非负，假设

$$\lambda_{it} = \exp(x'_{it}\beta + u_i) = \exp(x'_{it}\beta)\exp(u_i) \equiv v_i \exp(x'_{it}\beta) \tag{5-23}$$

其中，x_{it} 不含常数项，$v_i \equiv exp(u_i)$ 为乘积形式的个体效应，如果 $v_1 = v_2 = \cdots = v_n$，则表示不存在个体效应，更一般的情况是允许个体效应的存在，即不同个体拥有不同的 v_i。

负二项回归在泊松回归的条件期望函数表达式中加入随机效应 $exp(\varepsilon_{it})$，负二项回归模型的概率密度为：

$$f(Y_{it} \mid \mu_{it}, \alpha) = \frac{\Gamma(y_{it} + \alpha^{-1})}{\Gamma(y_{it} + 1)\Gamma(\alpha^{-1})} \left(\frac{\alpha^{-1}}{\alpha^{-1} + \mu_{it}}\right)^{\alpha^{-1}} \left(\frac{\mu_{it}}{\alpha^{-1} + \mu_{it}}\right)^{\alpha^{-1}}, \tag{5-24}$$

在式（5-24）中，$\Gamma(\cdot)$ 为 Gamma 分布函数，α 为过度分散参数，$E(Y_{it} \mid x_{it}) = \mu_{it}$，$Var(Y_{it} \mid x_{it}) = \mu_{it} + \alpha\mu_{it}^2 > \mu_{it}$，当 α 接近于 0 时，负二项回归就变为泊松回归。本章中 y_{it} 表示 i 企业在第 t 年申请专利的数量，μ_{it} 为企业申请专利的平均值。在引入相关控制变量后，本章技术创新产出的负二项回归模型为：

$$\mu_{i,t} = \exp(\alpha_1 Fconstraints_{i,t-1} + \sum \theta_i x_{i,t-1} + \varepsilon_{it}) \tag{5-25}$$

在式（5-25）中，$\sum \theta_i x_{i,t-1}$ 为控制变量的向量组合，与式（5-21）控制变量的设置相同。

企业的投资活动与企业的所有制性质密切相关。在我国，国有企业与非国有企业在诸多方面表现出很大的差异性，这对企业的创新活动产生影响。国有企业长期以来在获取银行贷款、创新补贴等方面享有政策上的优势，而非国有企业不仅获得银行贷款的难度大，而且在寻找金融中介的贷款支持时，会遇到更大的阻力，例如，支付更高的隐性利息成本，面临更严格的贷款审核，无形中增加了对外融资的成本，因而相比于国有企业，非国有企业受到的融资约束更为严重。同时，国有企业的性质决定了其管理者对待风险的态度，国有企业管理者往往承担着行政职务，面临着职务的升迁，在面对融资约束可能导致的技术创新未来的不确定增加时，往往会采取保守的态度，来规避可能出现的风险，由此导致当融资约束程度上升时，技术创新活动明显减少。在技术创新的动力方面，国有企业也表现得不如非国有企业，对于非国有企业来说，企业创

新至关重要，关系到企业的生死存亡，而国有企业，技术创新的动力本来不够强，当企业资金状况不好、融资成本过高时，技术创新活动就暂缓。所以，在融资约束程度上升时，国有企业和非国有企业在技术创新活动上的反应将存在差异。因此，我们推出假设5.2。

假设5.2 融资约束对国有企业和非国有企业技术创新活动的影响程度存在差异，即融资约束对不同产权性质的企业间具有选择效应。

战略性新兴产业由九个子行业组成，各行业融资约束程度和技术创新的特征各异，那么融资约束对技术创新的影响必然存在一定差别。因此，我们推出假设5.3。

假设5.3 融资约束对战略性新兴产业内不同子行业的影响程度存在差异，即融资约束对不同子行业的企业间具有选择效应。

由于制造业与服务业的产出具有很大的不同，在研发活动上表现出不同的特征，制造业以技术创新为主，而服务业是以服务创新为主，如组织创新、规范创新、特色创新等，这些创新与技术创新的关系不大。同时，技术创新在企业中的战略地位也有很大的不同，原小能（2009）指出，制造业和服务业对R&D的依赖性有明显的差异，制造业的技术创新投入相对较大，R&D投入占有举足轻重的地位，很多公司甚至有专门的研发部门，而服务业对R&D的依赖性较小，技术创新投入远远低于制造业，福法斯（Forfas，2006）实证发现，制造业的研发投入与创新绩效密切相关，而服务业中两者的相关性较弱，所以制造业希望通过技术创新提升企业生产率的意愿较强烈，因而可以推测融资约束对制造业的抑制作用小于服务业。

假设5.4 融资约束对制造业和服务业技术创新活动的影响程度存在差异，对制造业的负向影响程度小于服务业。

罗津和辛格莱斯（Rajin 和 Zingales，1998）构建了行业外部融资依赖度，用于度量行业对外部资金的依赖程度[①]，表示资本支出中有多大比例的资金需通过外部融资解决，并选择美国工业企业36个行业的数据进行了分析，对各个行业的外源融资依赖度从小到大进行了排名，得到的结论为传统性产业一般对外源融资依赖度较小，而新兴产业大多外源融资依赖度较高，外源融资依赖度

[①] Rajin，Zingales 在 *Financial dependence and growth* 一文中将外源融资依赖度定义为行业内的企业资本支出与经营性现金流之差与企业资本支出的比值，即外部融资依赖度 =（资本支出−调整后的现金流）/资本支出。然后，计算每年该行业内所有企业外源融资依赖度的中位数，以此作为该行业当年的外源融资依赖度。

最高的三个行业依次为医药行业、塑料制品行业、办公用品及计算机行业。外源融资依赖度最低的三个行业依次为烟草行业、陶器制造行业和皮革行业。按照我国战略性新兴产业的定义和范围界定，可以发现，战略性新兴产业的大多数行业为外源融资依赖度较高的行业，例如，新一代信息技术产业、生物医疗等产业。按照 RZ 的思路，本章有如下的预期：相比于外源融资依赖度较低的行业，计算机等外源融资依赖度较高的行业，融资环境的恶化，对技术创新活动的影响更为显著，即得到以下假设：

假设 5.5　融资约束低对低外源融资依赖度行业的技术创新的影响程度明显低于其他行业，即融资约束对低外源融资依赖度行业和中高外源融资依赖度行业的技术创新具有选择效应。

为了检验假设 5.1 至假设 5.5，本章将样本按照属性特征进行分组，并通过比较融资约束系数的大小和显著性来进行分析。

二、变量选取及数据来源

（一）变量选取

1. 被解释变量

本章的被解释变量为技术创新活动。技术创新活动可从投入和产出两个方面进行测度。在技术创新投入方面，文献中采用最多的指标为研究开发费用。由于研究开发费用在上市公司披露的信息中有据可查，且具有可比性，能客观地反映企业技术创新的主观意愿活动，受外部影响较小，本章继续采用研究开发费用指标衡量企业的技术创新活动，并用研发密集度（研究开发费用占当期总资产的比重）和研发强度（研究开发费用占当期销售收入的比重）作为技术创新投入的代理指标。在技术创新产出方面，已有文献中的指标主要分为两类：一类是将企业的技术创新成果作为产出的衡量指标，如专利申请数、专利授权数、新产品销售量、销售收入等；另一类是采用企业的财务指标来衡量，例如，无形资产的增量。本章参照霍尔和哈霍夫（Hall 和 Harhoff，2012）、谭等（Tan 等，2014）、黎文靖和郑曼妮（2016）、顾夏铭等（2018）、雷根强（2018）的做法，用专利申请数来测度技术创新产出。采用专利申请数而没有采用专利授权数的原因有以下三个方面：一是虽然专利授权量和专利申请量都能反映技术创新的成果，但由于专利申请到专利授权的周期较长，专利授权量滞后期较长，时效性较差，申请到授权的过程中存在很多不确定性的因素，难以反映当年的技术创新成果，而专利申请数时效性较好，可以反映当年的技术创新产出。二是专利授权数的缺失数据较多，为了尽量保留更多的有效样本，采用专利申请数。对于上市公司来说，专利申请量的有效比例基本维持不变，即专利申请量和专利授权量基本保持着稳定的比例，因而专利申请量基本也能反映专利授权量的变动趋势。三是专利申请的过程需缴纳一定的费用，反映了创新的经济价值，且专利授权量存在未缴纳年费而被取消的问题，所以统计的专利授权量难以全面地反映技术创新成果（周煊等，2012）。在考虑专利申请数时，不仅要考虑上市公司本身的专利申请数，还要考虑参与上市公司合并报表中所统计的子公司及联营公司专利申请数。霍尔和齐多尼斯（Hall 和 Ziedonis，1999）指出，如果财务数据采用了合并报表数据，考虑了参与合并的控股子公司、合营公司，而专利数据仅考虑母公司的专利数据，就会导致统计口径的不一致，进而影响研究结论的可信度。所以在搜集数据时，首先，要找到各上市公司及其对应的子公司、联营公司的名单；其次，根据详细的名单在国家知识产权专利查询系统中查询每一年的上司公司及其子公司、联营公司的专利申请数，上市公司专利申请数由上市公司本身的专利申请数与子公司、联营公司的专利申请数加总得到。

2. 解释变量

本章的核心解释变量为融资约束。按照第二章中融资约束的测度结果，本章采用 FC 指数作为实证中融资约束的度量指标，采用 SA 指数进行稳健性检验。FC 指数与企业面临的融资约束水平正相关，FC 指数越大，企业面临的融资约束程度越严重。而 SA 指数则不同，SA 一般为负值，SA 绝对值水平越大，企业面临的融资约束程度越大，所以 SA 指数与企业面临的融资约束水平负相关。

3. 特征变量

本章实证分析中涉及以下四个特征变量，分别为产权性质、所属战略性新兴产业的行业、是否制造业企业、是否外源融资依赖度低行业。

（1）产权性质，本章产权性质分类的依据为国泰安数据库中的实际控制人性质，具体分类方法与第三章第一节相同，据此将战略性新兴行业上市公司分为国有企业和非国有企业两类。

（2）所属战略性新兴产业的行业，根据国家发改委发布的《战略性新兴产业重点产品和服务指导目录》2016 版，将样本按照其所属的战略性新兴产业子行业进行分类，共分为七个类别（考虑到数字文化创意产业和相关服务业样本数较少，此处没有单独进行分类）。

（3）是否制造业企业。本章按照《上市公司行业分类指引（2012 年修订）》的行业分类标准，将战略性新兴行业上市公司分为制造业企业和非制造业企业。

（4）是否行业外源融资依赖度低的企业。根据 Rajan 和 Zingales（1998）测算不同行业的外部融资依赖度结果，医药行业、塑料制品行业以及办公用品和计算机行业是外部融资依赖度最高的行业，而烟草业、陶瓷品行业和皮革业为外部融资依赖度最低的行业。本章根据战略性新兴行业上市公司所属行业将其分为低行业外源融资依赖度的企业和中高行业外源融资依赖度的企业，其中，低行业外源融资依赖度的行业为非金属矿物制品业（证监会行业分类代码为 C30）、皮革、毛皮、羽毛及其制品和制鞋业（证监会行业分类代码为 C19），其他行业为中高外源融资依赖度行业。

4. 控制变量

由于技术创新是企业多种因素综合影响的结果，除核心解释变量外，许多其他变量同样会影响技术创新。为了全面客观地分析融资约束对技术创新的影响，本章在回归模型中加入控制变量。控制变量选取的原则为参考已有技术创新影响因素的相关文献。Size 表示公司规模，关于企业规模对技术创新的作用是正向还是负向，至今文献中没有得到统一的结论[①]，但是公司规模会对企业技术创新产生影响是学者们的共识。Concertra 表示股权集中度，本章采用第一大股东的持股比例代表公司的治理结构。孙早、肖利平（2015）认为，股权集中度对企业研发投入有显著的促进作用，分散的股权结构不利于企业的创新活动。Sgrowth 表示销售增长率，衡量企业的成长性，布朗等（Brown 等，2011）认为，销售增长率对技术创新有显著的影响，但影响方式跟企业年龄和经济发展时期有关。托宾 Q 值表示企业的投资机会，可以反映企业的市场价值，已有文献几乎都认可了其对企业创新的影响；age 表示企业年龄，本章采用观测年份与企业注册年份的差值作为年龄的代理变量。

文中涉及的各变量的定义和说明如表 5-1 所示。

[①] 顾夏铭、陈勇民和潘士远在《经济政策不确定性与创新——基于我国上市公司的实证分析》一文中的结论为：公司规模与企业创新能力呈负向关系，规模越大的企业创新能力越弱，而小规模企业由于灵活性强，反而创新能力更强。鞠晓生、卢荻和虞义华在《融资约束、营运资本管理与企业创新可持续性》一文中的结论为企业规模与技术创新呈正向关系。

表 5-1　各变量的定义及说明

变量类型	变量名称	变量符号	变量说明
被解释变量	研发密集度	RD	研发投入/期末总资产
	研发强度	RDI	研发投入/期末主营业务收入
	总专利数	Innov	企业当年的专利申请数
	发明专利数	Invention	企业当年的发明专利申请数
	非发明专利	NInvention	企业当年的外观设计专利和实用新型专利申请数之和
解释变量	融资约束	FC	采用第二章测度的融资约束指数 FC
特征变量	产权性质	Soe	该企业为国有企业，取1，否则为0
	是否制造业企业	Manufacturing	该企业为制造业，取1，否则为0
	是否低外源融资依赖度行业	Fdependence	该企业属于外源融资依赖度低的行业，取1，否则为0
控制变量	公司规模	Size	企业年末总资产的自然对数
	投资机会	托宾 Q 值	企业当期的托宾 Q 值
	股权集中度	Concertr	企业第一大股东的持股比例
	销售增长率	Sgrowth	企业营业收入的增长率=（当期营业收入-上期营业收入）/上期营业收入
	现金流比率	Cflow	
	年龄	Age	公司观测年份与企业注册年份的差值
	行业	Ind	企业所处行业
	年份	Year	观测值所在年份

（二）数据来源

本章使用的样本来自第二章测算战略性新兴产业融资约束的 773 家上市公司，样本的时间范围为 2009~2017 年，由于文中的解释变量为滞后一期，因而实际数据范围为 2008~2017 年。由于专利申请数只能查询到截至 2016 年的数据，所以技术创新产出模型的时间范围为 2009~2016 年。其中，因变量为技术创新，核心解释变量为融资约束水平。融资约束数据来自第二章测算的融资约束结果。本章涉及的其他数据，公司规模、公司年龄、托宾 Q 值、股权集中度、销售增长率、现金流比率、行业均来自国泰安数据库。本章手工收集的上市公司相关数据均来源于巨潮资讯网。

三、变量的描述性统计

为了初步探索融资约束与技术创新两者间的关系，本章首先参照法里萨（Farriza，1988）划分融资约束类别的方法，将战略性新兴产业上市公司按照融资约束水平分为四类，分别为融资约束严重的企业、融资约束较重的企业、融资约束较弱的企业、融资约束弱的企业。具体的划分方法为：首先将每个企业从 2009~2017 年的融资约束水平的均值作为每个企业的融资约束水平；其次按照融资约束水平的上四分位数、下四分位数和中位数将企业划分为四类。

表 5-2 描述了不同融资约束水平的企业相关指标之间的差异，第一行显示随着融资约束程度的增加，FC 指数逐渐上升。第二行、第三行描述的是技术创新投入的差异，可以看到，随着融资约束程度的增加，研发密集度和研发强度的均值和中位数，均呈现下降的趋势，可以初步说明，技术创新投入与融资约束水平之间呈现反向关系。第四行描述的是技术创新产出的差异，技术创新产出与融资约束水平之间的关系并不明显，可能是因为技术创新产出在时间上滞后于当期的融资约束，技术创新是一个持续时间较长的过程，从技术创新投入到产出会耗费较多的时间。接下来分析资产负债率和现金流，在已有研究中，用资产负债率和现金流作为融资约束的代理变量，通过分析发现，随着融资约束程度的增加，现金流显著下降，而资产负债率显著上升，即融资约束程度与现金流负相关，与资产负债率正相关，这与第二章进行融资约束测度得到的结果是一致的，同时也可以从融资成本的角度进行解释，企业现金流情况越好，公司的外部融资成本就越低，融资约束程度越小，而资产负债率越高，反映公司对外融资成本越高，企业面临融资约束程度越大。

表5-2　按融资约束程度划分的企业各指标描述统计

变量	融资约束弱的企业			融资约束较弱的企业		
	均值	标准差	中位数	均值	标准差	中位数
融资约束水平：FC	−1.7782	1.1981	−1.3976	0.0816	0.3411	0.0798
研发密集度：RD	0.0367	0.0281	0.0289	0.0288	0.0213	0.0248
研发强度：RDI	8.7706	8.2263	5.6682	6.4337	4.3396	5.3918
专利申请数：Innov	199.8318	1496.135	29.25	61.2587	103.7752	28.4167
公司规模：size	21.6372	0.8986	21.4638	21.7640	0.9254	21.6230
资产负债率：Lev	0.2133	0.1178	0.1830	0.3164	0.1193	0.3075
现金流：Cflow	0.0768	0.0413	0.0730	0.0467	0.0351	0.0425

变量	融资约束较重的企业			融资约束严重的企业		
	均值	标准差	中位数	均值	标准差	中位数
融资约束水平：FC	1.1891	0.3204	1.1653	2.7796	0.8017	2.5854
研发密集度：RD	0.0246	0.0185	0.0209	0.0191	0.0154	0.0169
研发强度：RDI	5.2385	4.1236	4.2145	3.8923	3.1067	3.4889
专利申请数：Innov	112.1	443.47	37.2	152.46	423.79	49.57
公司规模：size	21.90	1.12	21.78	22.59	1.15	22.475
资产负债率：Lev	0.3965	0.1188	0.3988	0.5847	0.1241	0.5861
现金流：Cflow	0.0237	0.0354	0.0205	0.0036	0.0401	0.0072

　　为了分析不同程度融资约束对技术创新活动的影响是否存在差异，下面进行差异性检验。比较不同总体之间的差异是否显著，常用的方法为单因素方差分析和K-W（Kruskal-Wallis test）非参数检验，单因素方程分析适用于总体满足正态性、方差齐性的情况，一般可以进行双边 t 检验；若不满足上述条件，则可采用 K-W 方法进行检验，K-W 检验是检验不同总体的中位数是否相等，利用多个样本的秩和来推断各样本分别代表的总体位置有无差异，相当于单因素方差分析的非参数方法。

　　从表5-3可以看出，技术创新活动与融资约束水平密切相关，融资约束水平不同的企业技术创新活动差异较大，融资约束程度高的公司，技术创新投入低，而融资约束程度低的公司，技术创新投入较高。为了更清晰地说明融资约束程度与技术创新活动之间的相关关系，本章继续对上述四组样本分别进行多样本双边 t 检验和 K-W 秩和检验，以分析不同融资约束水平企业之间的创新活动是否存在显著性的差异。将融资约束程度弱、较弱、较重、严重的 4 组分别定义为第 1 组、第 2 组、第 3 组、第 4 组。从表 4-3 的检验结果看到，不管是双边 t 检验还是 K-W 检验，不同融资约束水平的企业技术创新活动存在显著性的总体性差异，后两组融资约束重的企业研发活动显著低于前两组融资约束较轻的企业，组与组之间的技术创新差异也是显著的，这从第三行到第五行的检验结果可以看出。同时，资产负债率和现金流的总体性差异、前两组和后两组的差异以及组组之间的差异也通过了显著性检验，再次印证了融资约束程度与资产负债率正相关、与现金流负相关。

表 5-3　不同融资约束程度企业的相关指标差异性检验

	研发密集度		资产负债率		现金流	
	t 检验（P 值）	KW 检验（P 值）	t 检验（P 值）	KW 检验（P 值）	t 检验（P 值）	KW 检验（P 值）
总体性差异	0.0000	0.0001	0.0000	0.0001	0.0047	0.0001
1、2 组与 3、4 组	0.0000	0.0000	0.0001	0.0000	0.0000	0.0000
第 1 组与第 2 组	0.0050	0.0056	0.0000	0.0000	0.0000	0.0000
第 2 组与第 3 组	0.3050	0.0153	0.0000	0.0000	0.0000	0.0000
第 3 组与第 4 组	0.0930	0.0003	0.0000	0.0000	0.0000	0.0001

第三节　微观视角下融资约束影响企业技术创新的实证分析

一、融资约束的抑制效应

本章关注的重点为融资约束对技术创新的影响。表 5-4 中模型 1 和模型 2

分别报告了 2009~2017 年我国战略性新兴企业融资约束对研发密集度和研发强度的影响。

表 5-4　融资约束对技术创新影响的回归结果

变量	模型 1 研发密集度	模型 2 研发强度	模型 3 专利申请数	模型 4 发明专利	模型 5 非发明专利
L. FC	−0.0312 **	−0.114 ***	−0.0237 *	−0.0375 **	−0.0015
	(0.0141)	(0.0320)	(0.0122)	(0.0152)	(0.0138)
L. size	−0.287 ***	−0.629 ***	0.357 ***	0.378 ***	0.348 ***
	(0.0512)	(0.119)	(0.0442)	(0.0504)	(0.0581)
L. 托宾 Q 值	−0.0095	−0.0285	0.0238 ***	0.0301 ***	0.009
	(0.0129)	(0.0293)	(0.0064)	(0.0096)	(0.0098)
L. Concertr	−0.0087 **	−0.0249 ***	−0.0002	0.0016	0.0024
	(0.0038)	(0.0088)	(0.0028)	(0.0033)	(0.0032)
L. Sgrowth	−0.0110	−0.165 ***	−9.81e−05	−0.0002	0.0003
	(0.0237)	(0.0537)	(0.0004)	(0.0004)	(0.0005)
age	−0.0370 **	−0.160 ***	0.0447 ***	0.0709 ***	0.0238 *
	(0.0148)	(0.0357)	(0.0105)	(0.0104)	(0.0139)
L. Cflow			−0.0031 **	−0.0048 **	−0.0009
			(0.0015)	(0.0021)	(0.0019)
Constant	9.033 ***	17.98 ***	−7.436 ***	−8.479 ***	−7.302 ***
	(1.203)	(2.798)	(0.922)	(1.058)	(1.203)
时间效应	控制	控制			
行业效应	控制	控制			
观测值	3846	3846	2920	2912	2851
样本量	757	757	628	625	608

注：*、**、***分别表示在 10%、5%、1%显著性水平下显著；括号内的数字为标准误，下同。
资料来源：笔者根据 Stata 软件计算整理而得。

表 5-4 回归结果表明，在 5%的显著性水平，融资约束负向影响研发密度

度和研发强度，即融资约束抑制了企业的技术创新投入。这是因为，对于上市公司而言，技术创新对于企业是很重大的一项投资决策，资金投入大，资金占用时间长，当企业面临严重的融资约束时，内外资金难以满足技术创新的资金需求，因而企业的技术创新活动就会暂缓或推迟。

接下来，分析融资约束对技术创新产出的影响。按照贺建风和张晓静（2018）、黎文婧和郑曼妮（2016）的做法，首先，本章将衡量技术创新产出的专利申请数分为两类：一类是发明专利代表的技术水平较高的实质性创新，这类创新以推动社会技术进步和占据行业竞争优势为目的；另一类为实用新型专利和外观设计专利代表的技术水平较低的策略性创新，这类创新大多以获取其他利益为目的。其次，分别研究融资约束对不同类型专利申请数的影响。表 5-4 的模型 3、模型 4 和模型 5 分别报告了 2009~2016 年融资约束对技术创新产出的影响，被解释变量分别为专利申请数、发明申请数和非发明申请数。为了确定负二项回归是固定效应还是随机效应，本章进行豪斯曼检验，检验的 P 值小于 0.01，强烈拒绝随机效应负二项回归，因而选择固定效应负二项回归。Hilbe（2014）指出，在计数模型中，变量的边际效应比回归系数更有意义，因此本章采取边际效应来分析解释变量的单位变化给被解释变量带来的影响。表 5-4 的模型 3、模型 4 和模型 5 中结果显示，不管是专利申请数还是发明专利数，融资约束都在 10% 的显著性水平下抑制了企业技术创新产出，而融资约束对非专利申请的影响为负，但不显著，这说明融资约束与技术创新产出之间存在显著的负相关关系，融资约束对技术创新产出产生明显的抑制作用，这种抑制效应主要体现在发明专利这类实质性创新上。这是因为发明专利，能够提升企业的生产效率，在行业中获取竞争优势，代表了企业的核心竞争力，但往往投入大，持续周期长，会耗费企业较多的资金，非发明专利往往是为了附和企业的创新战略和国家的创新政策，更在乎追求创新的"速度"和"数量"，本身投入相对较小，持续周期相对较短，受资金的影响相对较小。所以，融资约束对非发明专利的抑制作用没有发明专利那么明显。由于发明专利和非发明专利本质上的区别，使企业对待两种专利的态度有所差异，最终导致融资约束对两类专利的影响程度有所差异。

上述结果表明融资约束不仅抑制了企业的技术创新投入，而且抑制了企业的技术创新产出，验证了假设 5.1。

二、融资约束的选择效应

（一）产权性质

为了检验融资约束的影响在不同产权性质的企业之间是否具有选择效应，本章将根据上市公司的产权性质将样本分为两组：一组为国有企业样本组，即模型1，另一组为非国有企业样本组，即模型2，并分组考察融资约束对技术创新的影响。从回归系数来看，融资约束滞后项的系数显著均为负，意味着当融资约束增加时，国有企业和非国有企业的技术创新投入和产出均减少了。从技术创新投入来看，国有企业样本中融资约束的系数均大于非国有企业，说明融资约束对国有企业和非国有企业的影响具有选择效应，具体表现为融资约束对国有企业的抑制效应高于非国有企业。当融资约束程度上升时，国有企业技术创新活动的减少量高于非国有企业的减少量。这是因为，非国有企业，尤其是民营企业，在市场中比国有企业面临更大的生存压力，更能清醒地认识到创新对于企业生存的重要性，创新的动机更加强烈。即使融资约束程度显著增加，技术创新活动的减少量也不会那么明显和迅速，而是会想方设法地找到其他的途径解决资金问题以维持目前的技术创新活动。同时，国有企业的管理层多为政府行政任命，在经营企业的过程中不仅关注企业利润，更关注政治上的晋升，对待风险的态度多为保守型，倾向于规避风险，不愿意做出风险性决策，特别是技术创新这种高度不确定性的投资决策，因此融资约束会强烈地抑制国有企业创新投入。表5-5的回归结果验证了假设5.2。

表5-5　融资约束对不同产权性质企业技术创新活动的影响

自变量	研发密集度		研发强度		专利申请	
	模型 1 国有	模型 2 非国有	模型 1 国有	模型 2 非国有	模型 1 国有	模型 2 非国有
L. FC	−0.0451 ** （0.0225）	−0.0344 * （0.0182）	−0.132 *** （0.0439）	−0.107 ** （0.0429）	−0.0141 （0.0199）	0.0341 *** （0.0131）
L. size	−0.173 ** （0.0818）	−0.306 *** （0.0713）	0.0149 （0.169）	−0.693 *** （0.173）	0.278 *** （0.0832）	0.399 *** （0.0481）

续表

自变量	研发密集度		研发强度		专利申请	
	模型 1	模型 2	模型 1	模型 2	模型 1	模型 2
	国有	非国有	国有	非国有	国有	非国有
L. 托宾 Q 值	0.0386	−0.0134	0.130**	−0.0635*	0.0042	0.0307***
	(0.0277)	(0.0158)	(0.0538)	(0.0371)	(0.0191)	(0.0077)
L. Concertr	−0.0035	0.0135***	−0.0082	0.0377***	−0.0025	0.003
	(0.0057)	(0.0049)	(0.0114)	(0.0121)	(0.004)	(0.003)
L. Sgrowth	−0.131**	0.0018	−0.462***	−0.133**	−0.0002	−0.0003
	(0.0558)	(0.0277)	(0.108)	(0.0645)	(0.0007)	(0.0005)
age	0.0856***	−0.0286	−0.241***	−0.129***	0.0461***	0.0444***
	(0.0282)	(0.0181)	(0.0634)	(0.0464)	(0.0171)	(0.0124)
L. Cflow					−0.0053	−0.0019
					(0.0035)	(0.0019)
Constant	6.145***	9.911***	3.894	19.78***	−5.551***	−8.436***
	(1.975)	(1.677)	(4.079)	(4.055)	(1.661)	(1.011)
all controls	控制	控制	控制	控制		
观测值	1270	2576	1270	2576	1010	1902
样本数	226	550	226	550	203	435

资料来源：笔者根据 Stata 软件计算整理而得。L. 表示滞后一期观测值，下同。

从技术创新产出来看，融资约束对国有企业技术专利申请数的边际效应为负，但不显著，而对非国有企业技术创新的影响显著为负，这说明融资约束对不同产权性质企业的技术创新产出存在显著差异，对国有企业技术创新的抑制作用小于非国有企业。可能原因为，虽然国有企业融资约束会制约企业的技术创新，但国有企业依靠其政治优势，比非国有企业更容易、获得更多的政府补贴，杨洋等（2015）指出，国有企业技术创新主要依靠政府补贴，是其进行技术创新的主要途径，因此政府补贴可以很大限度地缓解国有企业融资约束对技术创新的抑制作用，最终导致国有企业样本中融资约束对专利申请数的影响没有非国有企业显著。

（二）分行业分析

考虑到战略性新兴产业中不同子行业具有不同的融资约束特征和技术创新特征，技术创新对企业融资约束的敏感性可能存在异质性。为探明战略性新兴产业行业内各小行业融资约束对技术创新的影响在作用方向和大小上的区别，本节进一步分行业进行面板回归分析。由于战略性新兴产业内子行业较多，本章只以研发强度为被解释变量进行分析。

表5-6第2~8列依次报告了战略新兴产业中不同子行业融资约束对技术创新的影响结果，发现融资约束对技术创新的影响具有明显的行业差异性。除了生物产业和新能源产业以外，其他五个产业的融资约束对技术创新投资的影响一致为负，并在研发强度较高的新一代信息技术产业、高端装备制造业和新能源汽车产业中具有统计显著性，而在研发强度相对较低的新材料产业和节能环保产业中不具有统计显著性。这是因为研发强度越高，研发投入资金需求越大，受融资约束的影响越强。而生物产业和新能源产业回归中，融资约束的系数没有为负，主要是因为这两个行业由于行业自身的特点，属于融资约束程度相对较小的行业（第三章的分析可知），因而融资约束对技术创新没有产生明显的抑制作用。表5-6的回归结果验证了假设5.3。

表5-6　战略性新兴产业不同行业的回归分析

变量	模型1 新一代信息技术	模型2 高端装备制造	模型3 新材料产业	模型4 生物产业	模型5 新能源汽车	模型6 新能源产业	模型7 节能环保产业
L. FC	-0. 238 ***	-0. 0835 *	-0. 0105	0. 211	-0. 126 *	0. 178	-0. 0054
	(0. 0659)	-0. 0493	(0. 0393)	(0. 170)	(0. 0733)	(0. 143)	(0. 0405)
L. size	-0. 0980	-0. 586 ***	-0. 642 ***	-0. 579	-0. 0645	-0. 0768	-1. 002 ***
	(0. 273)	-0. 161	(0. 136)	(0. 723)	(0. 211)	(0. 212)	(0. 204)
L. 托宾Q值	0. 0245	0. 0022	0. 0824 *	0. 0043	0. 0368	1. 011 **	-0. 263 ***
	(0. 0538)	-0. 0595	(0. 0423)	(0. 149)	(0. 134)	(0. 496)	(0. 0576)
L. Concertr	-0. 0207	-0. 0250 **	0. 0079	-0. 0749	-0. 0083	0. 0055	0. 0091
	(0. 0198)	-0. 0121	(0. 0087)	(0. 0549)	(0. 0140)	(0. 0125)	(0. 0082)

变量	模型1	模型2	模型3	模型4	模型5	模型6	模型7
	新一代信息技术	高端装备制造	新材料产业	生物产业	新能源汽车	新能源产业	节能环保产业
L. Sgrowth	0.0094 ***	−0.0002	0.00624 ***	−0.0019	−0.0010	0.0083	−0.0008
	(0.0018)	−0.0005	(0.0017)	(0.0068)	(0.0031)	(0.006)	(0.0007)
age	−0.276 ***	−0.0960 *	0.0198	−0.249	−0.0358	0.0406	−0.0709 *
	(0.0726)	−0.0498	(0.0385)	(0.179)	(0.0563)	(0.0314)	(0.0403)
观测值	1383	1306	519	218	105	53	110
样本数	290	257	95	43	19	14	24

注：考虑到数字文化创意产业和相关服务业样本数较少，此处没有单独分行业进行回归分析。

资料来源：笔者根据 Stata 软件计算整理而得。

（三）是否制造业企业

根据国家统计局 2018 年印发的《高技术产业（服务业）分类（2018）》和国家统计局 2017 年印发的《高技术产业（制造业）分类（2017）》，可以看出，国家将高技术产业划分为制造业和服务业，涵盖了第二产业和第三产业。本章参照高技术产业的分类标准，将战略性新兴产业上市公司样本分为服务业和制造业两类，即模型 1 和模型 2。表 5-7 结果显示，融资约束对制造业技术创新投入和产出的抑制作用均小于非制造业。可能原因为制造业的研发投入金额更大、时间更长，对通过技术创新来提高劳动生产率和增强核心竞争力的愿望更强，技术创新一旦启动，就会持续不断投入，否则，已投入的成本成为沉没成本，无法收回，制造业企业技术研发创新对资金的状况反应不会那么灵敏，会更注重研发的持续性，因而研发投入的高调整成本这一特点在制造业中表现得更为明显。同时，目前我国劳动力成本大幅上升，这对于劳动密集型和资本密集型的制造业来说，严重影响到企业的经营利润，制造业期望通过技术创新来提升企业生产效率的意愿非常强烈，技术创新对于制造业企业的意义更加重要和深远。因此，即使融资约束程度上升，制造业的技术创新活动不会迅速减少，而是可能通过较长的时间缓慢地进行调整，但对于服务业来说，大多为轻资产型企业，技术创新投入的费用相对较少，研发强度较低，通过创新来提升企业生产效率的意愿不如制造业强烈，所以技术创新对资金状况反应较为灵敏。表5-7的回归结果验证了假设5.4。

表5-7　融资约束对是否制造业企业技术创新活动的影响

自变量	研发密集度		研发强度		专利申请数	
	模型1	模型2	模型1	模型2	模型1	模型2
	制造业	非制造业	制造业	非制造业	制造业	非制造业
L. FC	−0.0145	−0.0940**	−0.100***	−0.151**	−0.0205*	−0.0608*
	(0.0117)	(0.0432)	(0.0348)	(0.0748)	(0.0118)	(0.0340)
all controls	控制	控制	控制	控制	控制	控制
观测值	2917	929	2917	929	2302	602
样本数	562	214	562	214	484	144

资料来源：笔者根据 Stata 软件计算整理而得。

（四）行业外源融资依赖度的高低

融资约束某种程度上反映了企业从外部融资的难易度。如果企业为外源融资依赖度低的行业，那么受外部资金的影响较小，技术创新项目基本依靠内部资金解决，可以推测对于低外源融资依赖度的行业，融资约束对技术创新投入和产出的影响较小。为了检验融资约束是否会给外源融资依赖度不同行业的企业技术创新活动带来选择效应，本章将根据上市公司是否属于低外源融资依赖度行业将样本分为两组：一组为低外源融资依赖度行业的样本组，即模型1，另一组为中高外源融资依赖度行业的样本组，即模型2。从表5-8的样本分组结果可以看到，战略性新兴产业中，属于低外源融资依赖度的行业中企业占比较少，样本数仅为88个，在总样本中占比2.3%，说明战略性新兴产业中大部分企业属于外源融资依赖度较高的行业。从表5-8的回归结果可以看到，对于低外源融资依赖度的行业，融资约束对技术创新投入和产出的影响并不显著，而对于中高外源融资依赖度的行业，融资约束对技术创新投入和产出的影响在10%的显著性水平下均是显著的，这一结果验证了假设5.5。

表5-8　融资约束对外源融资依赖度不同行业技术创新投入的影响

自变量	研发强度		研发密集度		专利申请数	
	模型1	模型2	模型1	模型2	模型1	模型2
	低外源融资依赖度行业	中高外源融资度行业	低外源融资依赖度行业	中高外源融资度行业	低外源融资依赖度行业	中高外源融资度行业
L. KZ	0.107	−0.0342**	−0.0600	−0.116***	−0.00263	−0.0214*
	(0.113)	(0.0142)	(0.117)	(0.0327)	(0.0879)	(0.0128)
观测值	88	3758	88	3758	74	2845
样本数	15	743	15	743	14	614

资料来源：笔者根据Stata软件计算整理而得。

三、稳健性检验

（一）内生性处理

融资约束的增加抑制了企业技术创新活动，而技术创新活动的增加也可能加重企业融资约束的程度，从而导致融资约束与技术创新之间的双向因果关系，为了避免可能存在的双向因果关系，本章将所有的控制变量和解释变量均滞后了一期。同时，为了避免遗漏变量导致的内生性问题，本章在实证分析中控制了行业和时间固定效应。

考虑到被解释变量的前后期存在相关性，进而对被解释变量造成影响，按照Fang等（2015）的方法，本章在回归模型中加入了被解释变量的滞后期，发现融资约束对技术创新仍然是抑制作用。

（二）融资约束指数的重新测算

在实证分析中，本章采用了FC指数测度融资约束水平，但融资约束的测度有多种方法，每种方法的侧重点有所差异，为了更好地验证本章的结论，本章使用SA指数重新测度融资约束水平，重复上述实证过程，来检查融资约束是否对技术创新有抑制作用。

由于SA指数与融资程度负相关，SA指数越大，融资约束程度越小，这与FC指数有所不同，但表5-9检验结果发现，SA指数与技术创新活动在5%的显著性水平下呈正相关，即融资约束程度越大，对技术创新活动的抑制作用越强，这与 FC 指数得到的结论是一致的，再次验证了战略性新兴产业的融资约束对技术创新具有抑制作用。

表 5-9　SA 指数影响技术创新的回归结果

变量	研发密集度	研发强度	专利申请
L. SA	0. 351 *** （0. 135）	0. 995 *** （0. 316）	0. 300 * （0. 182）
L. lev	−0. 444 * （0. 240）	−4. 102 *** （0. 549）	−0. 0033 （0. 0021）
L. 托宾 Q 值	0. 0027 （0. 0132）	−0. 0386 （0. 0299）	−0. 005 （0. 0115）
L. Concertr	−0. 0095 ** （0. 0038）	−0. 0201 ** （0. 0088）	−0. 0004 （0. 0027）
L. Cflow	0. 0042 * （0. 0025）	−0. 004 （0. 0056）	
L. tangibility	0. 0110 *** （0. 0027）	0. 00145 （0. 0061）	
L. Sgrowth	−0. 0108 （0. 0234）	−0. 118 ** （0. 0526）	
常数	2. 159 *** （0. 592）	5. 283 *** （1. 360）	−9. 301 *** （1. 361）
时间效应	控制	控制	
行业效应	控制	控制	
观测值	3846	3846	2920
样本量	757	757	628

资料来源：笔者根据 Stata 软件计算整理而得。

（三）　技术创新产出的重新测算

对于技术创新产出，参照鞠晓生、卢荻和虞义华（2013）做法，采用无形资产增量指标重新测度技术创新产出，并用无形资产增量与期末总资产的比作为技术创新产出的代理变量，对技术创新产出进行重新测算，最终得到融资约束影响技术创新的产出实证结果（见表 5-10）。

表 5-10　无形资产增量的稳健性检验结果

变量	FC 指数	SA 指数
L. Fconstraints	−0. 0421 ** （0. 0190）	0. 249 ** （0. 108）
L. size	0. 0003 （0. 0412）	

续表

变量	FC 指数	SA 指数
L. 托宾 Q 值	0.0385 ** （0.0186）	0.0365 * （0.0188）
L. Concertr	0.0004 （0.0028）	0.0016 （0.0028）
L. Cflow	−0.0138 *** （0.0042）	−0.0116 *** （0.0041）
L. Sgrowth	−0.0094 （0.0421）	0.0044 （0.0419）
age	−0.0386 *** （0.0082）	
L. tangibility		0.0004 （0.0032）
Constant	0.508 （1.039）	0.316 （0.593）
时间效应	控制	控制
行业效应	控制	控制
观测值	3846	3846
样本量	757	757

资料来源：笔者根据 Stata 软件计算整理而得。

上述回归结果表明，不管是采用 FC 指数还是 SA 指数，融资约束对技术创新产出均产生显著的抑制作用，与本章采用专利申请数作为技术创新产出得到的结论是一致的。

（四）计数模型采用普通面板模型

上文在实证融资约束对技术创新产出的影响时采用了面板计数模型，表明融资约束对技术创新产出产生了显著的抑制作用。为了确保检验结果的稳健性，下面把被解释变量专利申请数当作连续的普通变量进行研究，采用普通面板模型进行实证分析。得到的实证结果见表 5-11。

表 5-11　普通面板模型的稳健性检验结果

变量	专利申请	发明专利	非发明专利
L. FC	−0.0451 *** （0.0116）	−0.0588 *** （0.0124）	−0.0276 ** （0.0134）
L. 托宾 Q 值	−0.0034 （0.0075）	0.0021 （0.008）	−0.0175 ** （0.0086）
L. Concertr	0.0054 ** （0.0024）	0.0035 （0.0025）	0.0060 ** （0.0026）
L. Sgrowth	−0.0001 （0.0001）	−6.89e−05 （0.0001）	−8.61e−05 （0.0002）

变量	专利申请	发明专利	非发明专利
L. lev	0.0165*** (0.0017)	0.0171*** (0.0018)	0.0158*** (0.0019)
age	0.0031 (0.0091)	0.0119 (0.0097)	−0.004 (0.0096)
L. Cflow	−0.0041** (0.0017)	−0.0051*** (0.0018)	−0.0031
时间效应	控制	控制	控制
行业效应	控制	控制	控制
观测值	2983	2983	2983
样本量	691	691	691

资料来源：笔者根据 Stata 软件计算整理而得。

表5-11显示，采用普通面板模型得到的结论为，融资约束显著地抑制了技术创新产出，将专利申请数划分为发明专利和非发明专利后，发现融资约束对发明专利的抑制作用明显大于非发明专利，这与面板负二项回归得到的结论是一致的。

本章小结

首先，本章阐明了融资约束影响企业技术创新的理论机制；其次，采用战略性新兴企业上市公司的研发费用数据、专利申请数据和融资约束指数等数据，构建面板模型考察融资约束对技术创新的影响，并根据产权性质、行业性质等企业属性将样本分类进行检验，以分析融资约束对技术创新的影响是否具有选择效应；最后，通过更换融资约束的测度方法、更换技术创新的测度方法进行稳健性检验，得到的结论如下：

第一，融资约束影响企业技术创新的理论分析。本章基于实物期权模型和动态优化理论推导了融资约束影响企业技术创新的理论模型，得到的结论是随着融资约束的增加，融资成本会随之增加，技术创新的投资门槛值也会提高，即融资约束会抑制企业的技术创新活动。

第二，融资约束对企业技术创新的影响机理。一是由于技术创新投入大，资金占用时间，而内部资金有限，进而需要从外部融资，但由于受到融资约束，外部资金成本会高于内部资金成本，当资金成本导致边际收益小于边际成本时，企业会放弃投资；二是外部融资难度大，无法得到企业所需资金，虽然项目的边际收益大于边际成本，但受到资金的限制，企业无法满足技术创新投资所需资金，因而也会放弃投资。可以说，融资约束一方面通过影响企业进行技术创新的意愿和积极性；另一方面通过推迟企业技术创新，最终影响企业的技术创新投入和产出。

第三，融资约束对技术创新的影响。

在研究融资约束与技术创新活动的关系时，从创新投入和产出两方面探讨了融资约束对技术创新的影响得到以下三个结论：

（1）融资约束对技术创新具有抑制效应。融资约束不仅抑制了企业的技术创新投入，而且抑制了企业的技术创新产出；从技术创新投入来看，面板模型回归结果显示，融资约束负向影响研发密集度和研发强度，即融资约束抑制了战略性新兴产业的技术创新投入；从技术创新产出来看，负二项回归结果显示融资约束负向影响战略性新兴产业的技术创新产出，即融资约束对战略性新兴产业的技术创新产出具有明显的抑制作用，且对发明专利这类实质性创新的抑制作用要明显高于策略性创新。

（2）融资约束对技术创新具有选择效应。从不同维度企业特征的异质性分析可知，融资约束对技术创新具有选择效应。从产权性质来看，融资约束对国有企业技术创新投入的抑制效应高于非国有企业，但对国有企业技术创新产出的抑制作用小于非国有企业；从战略性新兴产业内的各子行业来看，融资约束对技术创新的影响具有明显的行业差异性。除了生物产业和新能源产业以外，其他五个产业的融资约束对技术创新投资的影响一致为负，并在研发强度较高的新一代信息技术产业、高端装备制造业和新能源汽车产业中具有统计显著性，而在研发强度相对较低的新材料产业和节能环保产业中不具有统计显著性；从行业属性来看，融资约束对制造业技术创新投入和产出的抑制作用均小于服务业；从行业外源融资依赖度来看，融资约束对低外源融资度行业技术创新的负向影响程度明显低于其他行业。

（3）稳健性检验。为了检验上述实证分析结果的稳健性，本章采用三种方法进行稳健性检验：一是更换融资约束的测度方法，采用SA指数进行实证，得到的实证结果与FC指数得到的结果一致；二是更换技术创新产出的测度方法，采用无形资产增量进行实证，得到的结果与专利申请量得到的结果一致；三是将面板计数模型更换为普通面板模型，得到的结果与计数模型的结果一致。

第六章

宏观视角下融资约束对区域技术创新的影响

在第五章的分析中，我们采用战略性新兴产业上市公司的微观数据进行实证发现，融资约束对企业技术创新产生抑制作用，这为融资约束与技术创新的关系提供了微观层面的证据。然而，企业是国家技术创新体系的主体，企业技术创新能力归根结底也是为了提高国家和区域创新能力，为国家产业升级和结构调整提供有力支撑，而融资约束也具有明确的宏观经济维度，企业现金流的波动与整个经济周期内总体经济的变动相关，受到国家财政金融政策和宏观融资约束的影响。罗时空和龚六堂（2014）指出，由于金融摩擦的存在，企业的融资行为受到宏观经济波动和货币政策的影响。所以，有必要从宏观角度分析融资约束对技术创新的影响，为融资约束与技术创新的关系提供宏观层面的证据。熊彼特（Schumpeter，1942）指出，相对于其他行业，研发密集型行业从外部融资环境的改善中获得的收益更大，在其研发融资需求得到满足的情况下，会获得更大的创新效益（Rajin 和 Zingales，1998；Ilyina，2011）。对于战略性新兴产业来说，大多为外源融资依赖度较高的行业，外部宏观融资约束对战略性新兴产业的技术创新必然会产生影响。本章将尝试从外部融资约束政策环境的角度，研究宏观视角下的融资约束对区域技术创新活动的影响。

第一节　宏观视角下融资约束影响区域技术创新的理论分析

一、宏观视角下的融资约束

法扎里（Fazzari）1988 年提出融资约束的概念，考虑的对象为微观层面的企业。综观现有文献，目前关于融资约束比较成熟的测度方法，不管是投资——现金流敏感性、KZ 指数、SA 指数，还是 WW 指数都是基于微观企业层面的数据，大多是根据企业特定的特征因素构造的指标，几乎没有考虑外部宏观因素的影响。但外部宏观因素作为企业所处的外部环境，会对企业的融资约束造成直接的影响，尤其是对那些严重依赖外部融资的行业。然而，目前宏观上测度融资约束的文献较少，且尚无统一的方法，本章在测度宏观视角下的融资约束时，参照佟家栋和余子良（2013）的做法，主要考虑影响企业获得外部资金的政策操作和宏观因素。从企业外部资金来源看，股权融资、债券融资和银行信贷是企业的外部融资来源，而政府补贴某种程度上也可以作为企业外部资金的补充，两者分别从市场和政府两个角度通过资金的方式影响企业的外部融资能力，这两方面外部资金来源情况的变化显然会对企业外部融资约束造成影响。本章用社会融资规模增量和财政科技经费支出反映这两方面资金来源情况的变化。

社会融资规模，作为影响企业外部融资的主要政策，通过控制全社会金融机构向非金融机构供给的融资量来影响企业的融资状况。从内容上来看，社会融资规模几乎涵盖了企业外部融资的所有来源，包括人民币贷款、外币贷款、股票融资、债券融资、信托贷款、委托贷款、未贴现的银行承兑汇票等。当社会融资规模增量增加时，说明金融机构向全社会供给的融资量增多，外部融资环境放松，企业进行外部融资的难度就会降低，那么企业就会更容易获得成本更低、数量更大的外部融资；反之亦然。所以社会融资规模的变化直接影响到企业的外部融资能力，可以全面反映企业的外部融资约束，可以作为宏观融资约束的代理变量。政府的财政科技投入对企业的创新能力有着很重要的意义，科技创新型企业快速发展的背后，离不开政府的引导与政策支撑，财政科技经费支出主要通过政策引导和资金补助的方式对企业的技术创新活动进行支持，特别是政府补贴和税收优惠可以弥补企业技术创新活动的资金缺口，可以作为企业外部金融来源的重要补充，所以本章认为财政科技经费支出可以从融资约束政策的角度影响企业的外部融资能力，可以作为企业外部融资约束的代理变量。

二、宏观视角下融资约束影响区域技术创新的机理分析

(一) 社会融资规模影响技术创新的机理

社会融资规模主要通过控制全社会的融资供应量来影响技术创新投资，

即通过金融体系向实体经济提供的各种融资额来影响企业的外部融资能力，最终影响企业的外部融资溢价，导致与创新项目风险水平相对应的市场必要报酬发生变化，从而影响企业外部融资的难度和成本，最终影响到区域技术创新水平。

在社会融资规模缩小时，金融机构向企业提供的融资量就会减少，企业外部融资的难度随之增加，在供需原理的影响下，资金的外部融资溢价也会增加。对企业会造成两种后果：一是难以获得外部融资，创新项目无法开展；二是企业可以获得外部资金，但资金成本过高，边际成本大于边际收益，企业如果继续开展创新项目，将无利润空间，也会最终导致技术创新项目无法开展。

当社会融资规模增量增加时，说明企业外部融资政策宽松，金融体系投入到整个社会的资金增多，那么企业的资金可获得性增加，企业可以获取的资金数量增多，资金的宽松将有利于企业进行技术创新投资。社会融资规模主要通过四条具体路径影响企业创新：一是拓宽了企业的融资渠道，弥补了企业技术创新融资的供给渠口，推动企业实现更高水平的研发投入；二是通过规模效应，降低了企业的融资成本，以实现更大幅度的技术创新；三是缓解了融资过程中的信息不对称问题，使资金流入到研发潜力大、成功概率大的研发项目中，优化了资金的配置效率，缓解了金融资源的错配问题；四是有利于融资交易和融资价格的进一步市场化，纠正资本市场中的价格扭曲问题，通过市场调节机制，为创新项目的投资者提供合理的投资回报率，有利于创新项目更有效地获得外部融资（丁一兵，2014）。

（二）财政科技经费支出影响技术创新的机理

由于创新项目存在外部性和不确定性特征，导致技术创新投资的企业无法独享创新的回报，在完全竞争条件下，企业技术创新投入不足，无法实现社会福利最优化，利用公共资金促进私人研究与开发（R&D）活动是一种常见做法，公共政策的目标就是支持那些社会需要且不会以其他方式进行的研发项目（Vicente，2014）。通过财政激励政策，强制性地为创新分配更多的资源，支持和鼓励企业进行创新，可以实现创新的最优回报。同时，技术创新往往投入巨大，有时候单靠企业是难以完成的，财政科研经费支出以政府补贴、政府采购和政府直接投入的形式弥补企业研发的资金缺口，激发企业技术创新的积极性，使企业实现更高水平的研发投入。在研发阶段，一方面，财政政策通过直接投入或专项资金等政府补贴的方式，缓解企业资金不足的困境；另一方面，通过税收优惠方式减轻企业的负担，间接达到补贴特定纳税人的目的，激发企业的创新积极性。大多数工业国家都制定了公共政策，通过补贴或财政激励措施来支持私人研发活动，这些政策旨在降低创新支出的成本，刺激创新投资。欧盟统计局（2009 年）的报告，从 20 世纪 90 年代到 21 世纪的研发活动中，欧盟27 国中公共资金在研发支出中占比为 35%，美国为 30%，日本为 18.5%，这些公共资金实际上用于补贴私营企业开展的研发活动。

因而，本章认为财政科技经费支出主要通过资金支持效应对战略性新兴产业的技术创新产生影响。就如豪威尔（Howell，2015）指出的一样，政府的财政激励政策可能会产生乘数效应，通过"证书效应"（政府提供有关企业研发项目的积极信号）来达到更标准的"资金效应"（政府通过资助将研发项目的净现值由负变为正）。

第二节　宏观视角下融资约束对技术创新的时变效应

一、状态空间模型介绍

经济系统在运行中会出现一些不可观测或难以观测的状态，而这些没有被观测到的变量往往最能客观准确地反映经济系统的真实情况。为了估计不可观测的变量，卡尔曼（Kalman，1960）最早提出由状态方程和量测方程共同构成状态空间模型，状态方程表现为动态系统，而量测方程表现为量测信息。状态空间模型将可观测变量和系统的内部状态联系起来，通过估计不同的状态向量来达到对真实状态的认识和分析。状态空间模型的优势体现在以下两个方面：一是可将不可观测的变量引入可观测模型，将不可观测的变量与可观测模型一并考虑并通过联合估计，分析状态的变化情况；二是状态空间模型的估计采用卡尔曼滤波法进行迭代估计求解，达到研究系统运行的目的，使研究结论更加有效。

假定一般的回归模型可以表示成如下形式：

$$y_t = x_t'\beta + u_t \quad (t = 1, 2, 3, \cdots, T) \tag{6-1}$$

其中，y_t 表示因变量，x_t 表示 m 维解释变量列向量，β 表示待估参数的向量组合，u_t 表示随机扰动项。在方程中，假定待估参数在样本期内是固定的，往往采用最小二乘法或工具变量系数法进行估计。

近 20 年来，考虑到我国企业的技术创新投资逐步增长，但由于受到复杂的外部环境和经济体制的冲击，技术创新经历了巨大的变化，那么技术创新投资与外部融资约束之间的关系可能存在结构性变化，难以通过固定参数的线性关系进行反映，传统的固定参数模型不能及时表现出这种经济变化因素的影响，而状态空间模型作为一种时域方法，将不可观测的状态变量（即可变参数）引入可观测模型进行联合估计，可以反映动态系统在输入变量的作用下每一时点上的状态，有效克服了传统模型中只关注平均效应这一不足。根据状态空间模型，可变参数模型的一般表达形式如下：

量测方程：

$$y_t = x_t'\beta_t + z_t'\delta + u_t \quad (t = 1, 2, 3, \cdots, T) \tag{6-2}$$

状态方程：

$$\beta_t = \rho\beta_{t-1} + \varepsilon_t \quad t = 1, 2, 3, \cdots, T \tag{6-3}$$

其中，β_t 表示随时间变化而变化的参数，即为变参数，模型中通过 β_t 反映因变量受解释变量的影响随时间而发生变化的关系，u_t、ε_t 分别表示测量方程和状态方程的扰动项，满足如下条件：

$$(u_t, \varepsilon_t)' \sim N\left[\begin{bmatrix} 0 \\ 0 \end{bmatrix}, \begin{bmatrix} \sigma^2 & g \\ g & Q \end{bmatrix}\right] \quad (t = 1, 2, 3, \cdots, T) \tag{6-4}$$

在式（6-4）中，u_t、ε_t 均服从均值为零，方差为 σ^2 的正态分布，Q 表示协方差矩阵，且 $cov(u_t, t) = g$。

由于状态空间模型中待估参数 β_t 是变化的，因而模型的估计需要借助重要的算法求解，其中，最主要的方法为卡尔曼滤波法。卡尔曼滤波的思想为：首先，当扰动项和初始状态向量均服从正态分布时，可以通过预测误差分解计算似然函数；其次，估计模型中的所有待估参数，且一旦得到新的观测值，可以利用卡尔曼滤波算法不断修正状态向量的估计，然后，一直不断地持续这个过程。从其估计思想可知，卡尔曼滤波其实是在 t 时刻的所有可能得到信息的基础上计算状态向量最理想的递推过程。

二、状态空间模型设定

(一) 指标的选取及样本范围

1. 技术创新

本章采用高新技术产业 R&D 内部经费支出来衡量战略性新兴产业技术创新投资水平。

2. 财政科技经费支出

财政科技经费支出是政府等有关部门为支持科技活动而发生的支出。在市场经济条件下，政府通过税收优惠、财政补贴等政府支出行为，间接引导和激励企业进行投资、融资和市场策略选择，最终达成政府和企业的双赢目标，即企业实现利益最大化，政府实现调控目标。对于战略性新兴产业来说，国家财政政策的目的在于激励企业进行技术创新，拓宽资金来源，缓解技术创新面临的融资约束状况，进而激发企业技术创新的积极性。而政府补贴一般来自政府财政支出中的科技经费支出，财政科技经费支出代表了政府对技术创新支持力度的政策导向，如果当年科技经费支出数量大，说明政府在资金上给技术创新企业提供了更多的资金支持，那么企业就更容易获得政府补贴，会有更高的积极性去进行技术创新。所以本章用财政科技经费支出衡量政府对企业技术创新的资金支持政策效应，采用财政一般预算支出中的科学技术支出费用来衡量。

3. 社会融资规模

社会融资规模不仅可以反映实体经济从金融系统获得的融资总量，还可以反映实体经济借助不同融资工具进行融资的结构。社会融资规模分为直接融资和间接融资两种方式，直接融资主要包括债券融资和股票融资两种融资方式，直接融资占比越高，反映市场经济中多元化的融资方式和融资工具越丰富。间接融资包括银行贷款、银行表外业务等其他方式，该指标越高，反映银行贷款等传统融资方式在融资方式中占据的地位越高。社会融资规模分为社会融资增量和社会融资存量指标。社会融资规模增量指标是指一定时间内获得的资金额，反映的是当期新增融资额，而社会融资规模存量指标则反映的是某个时点获得的资金余额，基于本章研究的内容，本章选择社会融资规模增量指标。

本章选取 2002~2016 年的数据作为研究样本。样本从 2002 年开始主要是因为 2002 年我国加入世界贸易组织，金融业逐步对外开放，外国资本进入中国金融市场，给中国的金融业带来了巨大的挑战，国内银行体系原有的均衡状态被打破，金融业发生了巨大的变化，资本市场呈现多元化发展趋势，股权融资等直接融资方式得到较快发展，在企业融资来源中发挥了越来越重要的作用。同时，由于社会融资规模从 2002 年开始公布数据，考虑到数据的可得性，本章的数据起始时间为 2002 年。

为了减少数据的波动性和异方差，本章对涉及的三个变量均进行了取对数处理。

（二）状态空间模型设定

本节研究的主要问题为：社会融资规模和财政科技经费支出等宏观融资约束是否影响区域的技术创新投资，影响程度有多大，并且这种影响是否还受到其他不可观测因素的影响。根据状态空间模型和卡尔曼滤波的思想，本章设置如下两个状态空间模型：

（1）社会融资规模（lnfinancing）与技术创新投资（lnRD）的状态空间估计模型为：

量测方程：

$$\ln RD_t = d_1 + s_{1t} \ln financing_t + \hat{u}_{1t} \tag{6-5}$$

状态方程：

$$s_{1t} = c_1 + \alpha_1 s_{t-1} + \hat{\varepsilon}_{1t} \tag{6-6}$$

其中，s_{1t} 表示社会融资规模对技术创新的增长弹性，设置为递归形式。

（2）财政科技经费支出（lnTechspend）与技术创新投资（lnRD）状态空间估计模型为：

量测方程：

$$\ln RD_t = d_2 + s_{2t} \ln Techspend_t + \hat{u}_{2t} \tag{6-7}$$

状态方程：

$$s_{2t} = c_2 + \alpha_2 s_{2t-1} + \hat{\varepsilon}_{2t} \tag{6-8}$$

其中，s_{2t} 表示财政科技经费支出对技术创新的增长弹性，设置为递归形式。

三、宏观视角下融资约束影响技术创新的时变效应实证分析

（一）数据的单位根与协整检验

根据前面的模型介绍可知状态空间模型为一种动态协整模型，在进行动态回归模型时必须先检验各个序列的平稳性，只有各个序列都是平稳的或者具有同阶平稳性且相互之间具有协整关系才能得到稳健的结果。对模型所涉及的变量 lnRD、lnFinancing、lnTechspend 进行平稳性检验，得到的结果为三个变量均是同阶单整的，满足协整关系检验的前提条件。本章采用 Jahansen 协整检验之迹检验法来分析技术创新投资与外部融资政策之间的关系。

由表 6-1 可知，Johansen 协整检验之迹检验结果表明：在 5% 的显著性水平下，lnRD 分别与 lnfinancing、lnTechspend 之间均拒绝"0 个协整向量"的原假设，接受"1 个协整向量"的原假设，说明至少存在 1 个协整向量使得技术创新投资与社会融资规模、财政科技经费支出之间具有长期的均衡关系。

表 6-1　Jahansen 协整检验之迹检验

协整变量	原假设	迹统计量	5%的显著性水平	P 值
lnRD 与 lnFinancing	0 个协整向量	19. 2165	15. 4947	0. 0131
	1 个协整向量	2. 3951	3. 8415	0. 1217
lnRD 与 lnTechspend	0 个协整向量	24. 5948	25. 8721	0. 0715
	1 个协整向量	5. 5898	12. 5180	0. 5141

资料来源：笔者根据 Eviews 软件计算整理而得。

（二）模型估计结果

将技术创新投资与社会融资规模、技术创新投资与财政科技经费支出的状态空间模型分别设置为模型 1 和模型 2。在 Eviews9.0 中根据卡尔曼滤波法，并通过递归迭代对模型 1 和模型 2 分别进行估计，具体估计结果见表 6-2，模型 1 和模型 2 可识别系数的 P 值均通过了显著性检验，说明社会融资规模和财政科技经费支出对我国战略性新兴产业的技术创新投资具有一定程度的影响。

表 6-2 模型 1 和模型 2 的状态空间模型估计结果

	可识别系数	最终状态	均方误差根	Z 值	P 值
模型 1	s_{1t}	0.4700	0.0148	31.67	0.00
模型 2	s_{2t}	1.0980	0.0071	155.19	0.00

资料来源：笔者根据 Eviews 软件计算整理而得。

根据上述数据分析得到的状态系统，分别估计了模型 1 和模型 2 响应的状态空间模型，具体结果如下：

（1）社会融资规模（lnfinancing）与技术创新投资（lnRD）的状态空间估计模型为：

量测方程：

$$\ln RD_t = 2.0962 + s_{1t} \ln financing_t + \hat{u}_{1t} \tag{6-9}$$

状态方程：

$$s_{1t} = 0.008591 + 0.978241 s_{t-1} + \hat{\varepsilon}_{1t} \tag{6-10}$$

（2）财政科技经费支出（lnTechspend）与技术创新投资（lnRD）状态空间估计模型为：

量测方程：

$$\ln RD_t = -2.0608 + s_{2t} \ln Techspend_t + \hat{u}_{2t} \tag{6-11}$$

状态方程：

$$s_{2t} = 0.3546 + 0.67531 s_{2t-1} + \hat{\varepsilon}_{2t} \tag{6-12}$$

根据模型对样本观测值的拟合情况来看，模型 1 和模型 2 的拟合情况较好，说明 2002~2016 年，我国社会融资规模和财政科技支出等外部融资政策对我国战略性新兴产业的技术创新投资有着显著的影响，但这种影响不是固定不变的，而是随着时间的变化而逐渐发生变化。为了说明这种影响程度随时间的变化而呈现的不同特征，下面将呈现各个状态方程中的弹性系数变化趋势图。

由图 6-1 可以看到，我国社会融资规模对战略性新兴产业的技术创新投资弹性系数呈现明显的递增趋势，说明社会融资规模对技术创新的拉动作用随时间的增长而递增，到 2016 年达到最高值 0.47，原因主要有以下两方面：一是 1999 年我国出台了《关于加强技术创新，发展高科技，实现产业化的决定》，明确要求金融机构充分发挥信贷对技术创新的支持作用，积极探索多种有效途径，提高对科技型企业的金融服务质量；二是 2002 年中国加入世界贸易组织，金融开放步伐加快，大量外资金融机构进入中国，带来了大量的投资资金，为我国企业进行技术创新提供了广泛的资金渠道。伴随金融业的开放，我国的金融体系逐步完善，金融产品更加多样化，社会融资规模不断扩大，对企业技术创新的拉动作用不断提升。但是，在 2008 年前后，社会融资规模对技术创新的拉动作用出现小幅下滑，主要是受 2008 年国际金融危机的影响，我国金融体系受到重创，特别是股权融资市场受到的波及较大，因而社会融资规模的影响作用有所减弱。伴随着 2008 年末我国政府四万亿元投资的实施，我国社会融资规模在 2009 年大幅提升，其对技术创新投资的促进作用也逐步回升。

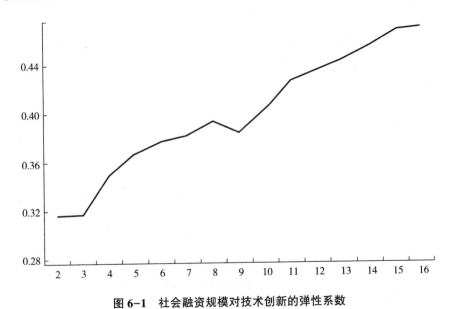

图 6-1　社会融资规模对技术创新的弹性系数

资料来源：笔者根据 Eviews 软件计算整理而得。

由图 6-2 可以看到，我国财政科技经费支出对技术创新的影响表现出较强的波动性，在 2010 年左右呈现明显的"V"字形特征。具体来看，财政科技经费支出对技术创新的影响程度从 2002 年开始上升，2004 年开始下滑。主要是因为，受国家科教兴国战略和创新性国家战略的影响，在 2002 年财政科技经费支出规模迅速增加，在这种强有力政策的引导下，企业为了响应国家的号召，企业的技术创新热情和积极性大幅提升，因而财政科技经费支出对技术创新投资表现出明显的拉动作用，但随着政策的逐步实施，财政科技经费在使用过程中凸显出了诸多问题，例如，预算拨款制度严重脱离了科研活动实际情况，科研专项经费的绩效管理不完善，因而对技术创新的拉升作用出现明显下滑，到 2008 年国际金融危机出现后，下滑趋势更加严重，到 2010 年，下滑到最低值 1.07。之后，随着国家创新政策的不断出台，对技术创新的重视程度不断加强，特别是企业技术创新地位的不断提升，财政科技经费支出对技术创新的拉升作用开始大幅回升。因此当金融危机的负面效应消散后，国家科技经费支出通过政策引导效应和资金支持效应对企业技术创新的拉动作用越来越强。

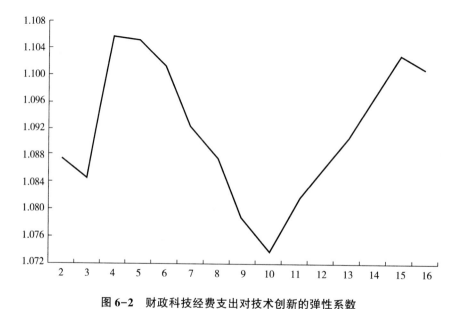

图 6-2　财政科技经费支出对技术创新的弹性系数

资料来源：笔者根据 Eviews 软件计算整理而得。

总的来看，社会融资规模的变动和财政科技经费支出所代表的我国宏观融资约束对我国战略新兴产业的技术创新投资均存在正向的促进作用，即融资约束的放松有利于促进区域技术创新活动，而融资约束的收紧不利于区域企业技术创新。

第三节 宏观视角下融资约束对区域
技术创新的动态冲击效应

第二节仅考虑了在不可观测的时间变量影响下，宏观融资约束的财政科技经费支出与社会融资规模分别对技术创新投资的影响。但财政科技经费支出与社会融资规模往往是同时作用于企业，对技术创新投资的作用也会相互影响，本节通过建立 PVAR 模型，将影响企业技术创新的社会融资规模和财政科技经费支出同时引入模型，并分析社会融资规模和财政科技经费支出对技术创新的动态冲击。建立 PVAR 模型，不仅可以分析宏观融资约束政策之间的相互影响，而且可以研究技术创新投资与外部融资政策之间双向影响的关系。一方面，技术创新投资所需资金受到宏观融资约束的影响；另一方面，宏观融资约束政策也会根据企业技术创新情况进行融资政策的相应调整，所以传统的反映变量之间单向关系的多元回归模型难以满足本章的需求，面板向量自回归模型将系统中每一内生变量作为系统中所有内生变量滞后值的函数构建模型，可以避免变量之间相互影响导致的内生性问题。同时，我国技术创新投资及宏观融资约束变量在时间维度上的存续时间较短，从单个省份来看，每个样本的样本量有限。为了确保研究结果的有效性和客观性，本章将采用 PVAR 模型，对我国战略性新兴产业技术创新投资与宏观融资约束之间的关系进行分析。

一、PVAR 模型介绍

（一）PVAR 模型表达形式

向量自回归 VAR 模型采用非结构性方法建立各变量之间关系的模型，不以经济理论为基础，而是基于数据的统计性质来建立模型，将系统中每一个内生变量作为系统中所有内生变量的滞后期的函数来构造模型，从而将单变量自回归模型推广到由多元时间序列变量构成的"向量"自回归模型。Holtz-Eakin 等（1988）将向量自回归 VAR 模型扩展到面板数据的应用中，提出面板向量自回归模型 PVAR。与 VAR 模型相同，PVAR 不以经济理论为基础，对变量之间的理论机制要求宽松，将所有变量均视为内生变量，可有效避免传统联立方程模型中难以区分内生和外生变量的问题，因此是描述变量间动态关系的一种实用方法，在处理多个相关经济指标的分析和预测时操作较为方便。相比于 VAR 模型，PVAR 模型优势体现在，该模型引入面板数据，扩大了横截面的数量，从而有效避免了 VAR 模型在数据时间维度上的限制。另外，PVAR 模型不仅包括个体间的个体效应，而且包括横截面维度的时间效应，可以捕捉不同个体和不同时间受到的共同冲击。PVAR 模型的基本形式如下：

$$Y_{i,\,t} = \alpha_i + \beta_0 + \beta_1\,Y_{i,\,t-1} + \beta_2\,Y_{i,\,t-2} + \cdots + \beta_p\,Y_{i,\,t-p} + v_t + \varepsilon_{i,\,t} \quad t = 1,\,\cdots,\,T$$

$$(6-13)$$

其中，$Y_{i,\,t}$ 表示 k 维内生向量列向量（$i = 1,\,2,\,\cdots,\,N$；$t = 1,\,2,\,\cdots,\,TN$；T 表示时期数），p 表示滞后阶数，$\varepsilon_{i,\,t}$ 表示 k 维扰动列向量，假定服从正态分布。假定每个界面的基本结构相同，采用固定效应模型。α_i 表示个体固定效应，截距项 α_i 的取值是受不同个体的影响，引入 α_i 是为了克服个体异质性对模型的影响，v_t 表示时间效应，截距项 v_t 的取值是受不同时间的影响，引入 v_t 是为了克服不同时间对模型的影响。

（二）PVAR 模型的估计

在估计个体固定效应和时间效应的 PVAR 模型，一般采用均值法消除模型中的固定效应，然后再进行估计。首先，通过组内均值差分方法消除时间效应，将式（6-13）中的所有变量用样本期间内各个个体观测值的均值进行替换，得到式（6-14）：

$$\overline{Y}_{i,\,t} = \overline{\alpha}_i + \beta_0 + \beta_1\,\overline{Y}_{i,\,t-1} + \beta_2\,\overline{Y}_{i,\,t-2} + \cdots + \beta_p\,\overline{Y}_{i,\,t-p} + v_t + \overline{\varepsilon}_{i,\,t} \quad (6-14)$$

将式（6-13）与式（6-14）相减以消除时间效应，得到式（6-15）：

$$\tilde{Y}_{i,\,t} = \tilde{\alpha}_i + \beta_1\,\tilde{Y}_{i,\,t-1} + \beta_2\,\tilde{Y}_{i,\,t-2} + \cdots + \beta_p\,\tilde{Y}_{i,\,t-p} + \tilde{\varepsilon}_{i,\,t} \quad (6-15)$$

然后，采用向前均值差分法，即 helmert 转化。向前均值法通过消除每个个体每一期未来观测值的均值，实现变量转换和滞后回归系数间的正交转换，从而与误差项无关。消除固定效应后的式子为：

$$\breve{Y}_{i,\,t} = \beta_1 \breve{Y}_{i,\,t-1} + \beta_2 \breve{Y}_{i,\,t-2} + \cdots + \beta_p \breve{Y}_{i,\,t-P} + \breve{\varepsilon}_{i,\,t} \qquad (6-16)$$

上述过程中所有工具变量均保留，且 $\breve{\varepsilon}_{i,\,t}$ 保持独立，与各变量滞后项不相关，符合 GMM 估计的矩条件，可以按照 GMM 广义最小二乘法进行估计。

(三) PVAR 模型的脉冲响应和方差分解

由于 PVAR 模型是一种非理论性的模型，它无须对变量做任何先验性的约束，因此模型总系数的经济意义就很难解释，实际中往往侧重于脉冲响应分析和方差分解。脉冲响应函数是分析当一个误差项发生变化，或者说明模型受到某种冲击时对系统的动态影响。脉冲响应函数描述的是 PVAR 模型中一个内生变量的冲击对其他内生变量造成的影响，观察随着时间的推移，模型中的各变量对冲击的反映程度。基本思想为：首先，采用均值差分法消除模型中的固定效应；其次，将剔除固定效应后的 PVAR 模型转换为 VAR 模型，并进一步转换为 VMA 模型，计算脉冲响应函数；最后，通过蒙特卡罗模拟的方法，计算每个变量一个标准差的冲击对系统中所有内生变量滞后期的影响。

方差分解是通过分析每一个结构冲击对内生变量变化的贡献率，进一步评价不同结构冲击的重要性。因此，通过方差分解可以分析对 PVAR 模型中的每个变量造成影响的每个随机扰动的相对重要性的信息。

二、宏观视角下融资约束对区域技术创新的动态冲击实证分析

(一) 样本及数据处理

目前我国还没有专门的战略性新兴产业统计年鉴，按照第二章的做法，用高新技术行业的数据替代战略性新兴产业的数据。考虑到西藏和新疆缺失数据较多，本章样本范围为剔除新疆和西藏后的 29 个省份的面板数据。2013 年以前的社会融资规模增量数据来源于当年各省份的区域金融运行报告，2013 年以后的社会融资规模增量数据来源于人民银行网站，其他数据均来源于《中国统计年鉴》《中国高技术产业统计年鉴》和国泰安数据库。考虑到区域金融运行报告从 2001 年开始发布，本章选择的样本区间为 2001~2016 年。

本节旨在探究我国战略性新兴产业技术创新受宏观融资约束的动态影响。由于技术创新投入较大，而内部资金往往是有限的，所以技术创新往往依赖于外部融资，那么外部宏观融资约束的改变或调整必然对技术创新投资的资金来源产生影响，进而影响区域技术创新投资。从企业层面来看，企业获得外部融资的渠道有两种：一种为直接融资，主要包括股票融资和债券融资等方式；另一种为间接融资，主要包括银行贷款等方式。第四章实证发现我国战略性新兴产业技术创新对外部股权融资存在依赖性，而银行贷款等间接融资方式不是技术创新的主要融资渠道。但直接融资市场和间接融资市场往往是相互影响、相互制约的。间接市场上的政策冲击会对直接融资市场造成影响，例如，银行存贷款利率的下降，会降低企业的融资成本，使企业从外部融资更容易，但投资者的投资回报率也会随之下降，直接导致大部分资金从信贷市场上撤离，转而投向资本市场，引起股票融资市场的繁荣。考虑到直接融资和间接融资由于融资成本、融资难易度等方面存在诸多差异，他们对企业技术创新的影响程度和方式也会存在差异，因而本章将社会融资规模增量分为直接融资增量和间接融资增量，分别讨论对技术创新的动态冲击。直接融资包括股票融资和债券融资，其他需要通过金融中介进行的融资为间接融资，主要包括人民币贷款、外币贷款、委托贷款、信托贷款，未贴现的银行承兑汇票等方式。另外，财政科技经费支出作为政府对企业技术创新的资金支持，其政策效果在不同省份之间也存在较大的差异，本章采用财政一般预算支出中科学技术支出费用来衡量。

（二）面板单位根检验和协整检验

由于虚假回归问题的存在，在进行动态回归模型拟合时，必须检验各序列的平稳性。在 PVAR 模型中，变量是否平稳会对系数的估计结果和脉冲相应函数产生重要的影响。为了避免回归过程中出现的虚假回归现象，在回归前，有必要检验各面板序列的平稳性，以保证回归结果的客观有效。在实证中，平稳性检验往往使用单位根检验。面板数据的单位根检验方法有 LLC、IPS、Brein-tung、ADF-Fisher 和 PP-Fisher 5 种方法。由于本章中的面板数据为平衡面板，选择 LLC 检验（适用于同根）和 IPS 检验（适用于不同根）。检验的原假设均为序列存在单位根。如果 LLC 检验和 IPS 检验均拒绝原假设，那么说明变量是平稳的，否则说明变量是不平稳的。各变量的检验结果如表 6-3 所示：

表6-3　变量的单位根检验结果

变量	零阶变量			一阶差分变量		
	Levin-Lin-Chu（P值）	Im-Pesaran-Shin（P值）	是否平稳	Levin-Lin-Chu（P值）	Im-Pesaran-Shin（P值）	是否平稳
lnRD	0.0026	0.0000	平稳	0.0000	0.0000	平稳
lnTechspend	0.0075	0.453	不平稳	0.0000	0.0000	平稳
lnindirectf	0.3435	0.2480	不平稳	0.0000	0.0000	平稳
lndirectf	0.0000	0.0000	平稳	0.0000	0.0020	平稳

资料来源：笔者根据 Stata 软件计算整理而得。

由表6-3可知，lnTechspend 和 lnindirectf 在10%显著性水平下是不平稳的，而其一阶差分序列不管是 LLC 检验，还是 IPS 检验，检验结果均是平稳的。lnRD 和 lndirectf 的原变量和差分序列均是平稳的，可进一步进行面板数据的协整分析，以考察变量之间的长期均衡关系。如果一组非平稳时间序列具有一个平稳的线性组合，即该组合满足平稳性检验，那么这组非平稳时间序列就是协整的，这个线性组合就称为协整方程，表明存在一种长期的均衡关系。本章采用基于 EG 两步法的 Kao 检验和 Pedroni 检验法进行面板协整检验。

由表6-4可知，Kao 检验和 Pedroni 检验的结果为对应的 P 值均小于0.01，因此，在1%的显著水平下，强烈拒绝"不存在协整关系"的原假设，表明 lnRD、lnTechspend、lnindirectf 和 lndirectfl 四个变量之间存在长期的均衡关系，可以进行下一步 PVAR 模型的分析。

表6-4　变量的协整检验结果

检验方法	原假设	统计量名	统计量值	P 值
Kao 检验	不存在协整关系	ADF 统计量	-3.3803	0.0004
		DF 统计量	-7.3203	0.0000
Pedroni 检验	不存在协整关系	PP 统计量	-8.9879	0.0000
		ADF 统计量	-6.9845	0.0000

注：Pedroni 检验采用带趋势成分的方程形式。

资料来源：笔者根据 Stata 软件计算整理而得。

(三) 滞后阶数选择

在 PVAR 模型中，一个重要的问题就是滞后阶数的选择，在确定滞后阶数时，既要考虑自由度，又要考虑能尽量完整地反映模型的动态特征。一方面，希望滞后阶数尽量大，以反映所构造模型的动态特征；另一方面，当滞后阶数足够大时，需要估计的参数数量会随之增加，造成模型的自由度减少。所以在确定滞后阶数时，需要综合考虑上述两个因素。AIC 准则、BIC 准则和 HQIC 准则基于信息量最小化的原则提供了权衡估计模型复杂度和拟合数据优良性的标准。本章使用 AIC 准则、BIC 准则和 HQIC 准则来确定 PVAR 模型的最优滞后阶数。

由表 6-5 可知，BIC 准则和 HQIC 准则的判断结果表明最优滞后阶数为 1 阶，而 AIC 准则的判断结果为 3 阶，本章技术创新 PVAR 模型选择的滞后阶数为 1 阶。

表 6-5　变量的最优滞后阶数选择

滞后阶数	AIC	BIC	HQIC
1	6.8949	8.1974 *	7.4104 *
2	7.3087	8.8524	7.9215
3	6.7603	8.5757	7.4831
4	7.0700	9.1946	7.9185
5	7.3130	9.7934	8.3068

注：＊表示在该准则下确定的最优滞后阶数。

资料来源：笔者根据 Stata 软件计算整理而得。

(四) GMM 估计结果

根据所选滞后阶数，采用 GMM 方法对 PVAR 模型的参数进行估计，具体估计结果见表 6-6：

表6-6　PVAR 模型的 GMM 估计结果

变量	模型 1 h_ lnRD	模型 2 h_ lntechspend	模型 3 h_ lnindirectf	模型 4 h_ lndirectf
L. h_ lnRD	0.226 ***	−0.0813 ***	−0.0953 ***	−0.108 *
	(0.0626)	(0.0248)	(0.0238)	(0.0638)
L. h_ lntechspend	−0.156	0.607 ***	0.0259	0.188
	(0.127)	(0.0550)	(0.0424)	(0.120)
L. h_ lnindirectf	0.0282	−0.0177	0.472 ***	0.384 **
	(0.153)	(0.0563)	(0.0509)	(0.151)
L. h_ lndirectf	0.160	0.253 ***	0.170 ***	0.508 ***
	(0.104)	(0.0327)	(0.0373)	(0.0954)
观测值	406	406	406	406

注：* 、** 、*** 分别表示双尾 t 检验在 10%、5%、1% 显著性水平上显著；括号内的数字为标准误。

资料来源：笔者根据 Stata 软件计算整理而得。

从表6-6 可以看到，我国战略性新兴产业技术创新投资受自身滞后期的影响显著为正，而直接融资滞后期对技术创新投资的影响在 15% 的显著性水平下为正，说明直接融资对技术创新投资的影响在短期可以产生促进效应，进一步说明我国直接融资市场的繁荣，特别是股权融资市场的繁荣有利于解决企业技术创新的资金问题，促进企业进行技术创新。从间接融资滞后期对技术创新影响的系数来看，虽然系数为正，但不显著，说明间接融资对技术创新投资的影响十分有限，这与企业技术创新投资的资金来源有关，因为银行贷款等间接融资方式不是技术创新投资的来源，因而技术创新对信贷市场的融资量的变化反应较弱。从科技经费支出滞后期对技术创新的影响系数来看，系数为负，但不显著，需要说明的是，PVAR 模型不以经济理论为基础，引入过多的变量的滞后项会导致一些参数不显著，但并不影响 PVAR 模型的脉冲响应函数和方差分解。

（五）脉冲响应分析

脉冲响应函数可以分析一单位的标准差随机扰动项冲击发生后，各内生变量当期值和滞后期的动态反应过程。本章使用脉冲响应函数分析外部融资政策与技术创新投资相互影响的动态变化过程。图 6-3 表示给每个内生变量一个标准差的冲击后，所有内生变量在 0~20 期的脉冲响应图。横轴表示冲击作用的响应期数，纵轴表示各变量对冲击的响应程度，本章的脉冲响应图是通过蒙特卡洛模拟 200 次，置信水平设置为 95% 得到。

　　本章关注的重点为直接融资、间接融资和财政科技经费支出对区域技术创新投资的影响，因此，本章重点分析技术创新投资对其他变量冲击的响应情况。由图 6-3 可知，面对科技经费的一个正交化冲击，技术创新投资在当期没有反应，在第一期有微弱的正向响应，而后开始下降逐渐收敛到零，说明财政科技经费支出对技术创新的促进作用十分有限，且促进作用的持续时间很短，难以发挥长期拉动效应。面对间接融资的一个正交化冲击，技术创新投资在当期基本没有响应，然后在第一期和第二期正向作用逐渐上升达到高峰。面对直接融资的一个正交化冲击，技术创新投资在当期有明显的正向响应，之后在第一期开始迅速上升，在第二期正向作用达到最大值，之后开始下降逐渐收敛到零。从技术创新投资对自身的脉冲响应来看，面对技术创新投资的一个正交化冲击，技术创新投资在当期有较大的正向响应，第二期达到正向响应的高峰，而后迅速下降，到第五期几乎收敛到零，说明技术创新投资对自身有显著的促进作用，可以体现出技术创新投资自身的惯性影响，这主要源于技术创新投资所具有的持续性和长期性特点。技术创新一般持续时间较长，一旦停止投入，前期投入的资金就会成为沉没成本，所以技术创新投资对前期的投资表现出强烈的依赖性。

　　总的来看，技术创新投资对直接融资、间接融资和科研经费支出在短期内都有正向响应，但响应的程度和持续时间有一定的差异。短期内技术创新投资对自身冲击的响应程度最大，其次是直接融资、间接融资和科技经费支出。

（六）方差分解

　　为了更精确地分析外部融资约束对我国战略性新兴产业技术创新投资的影响程度，本章采用方差分解得到 PVAR 模型中四个变量的冲击对各变量变动的影响程度。由于本章重点关注的是技术创新投资受其他三个外部融资约束政策冲击变量的影响，因而方差分解结果仅列出了技术创新投资的方差分解结果。

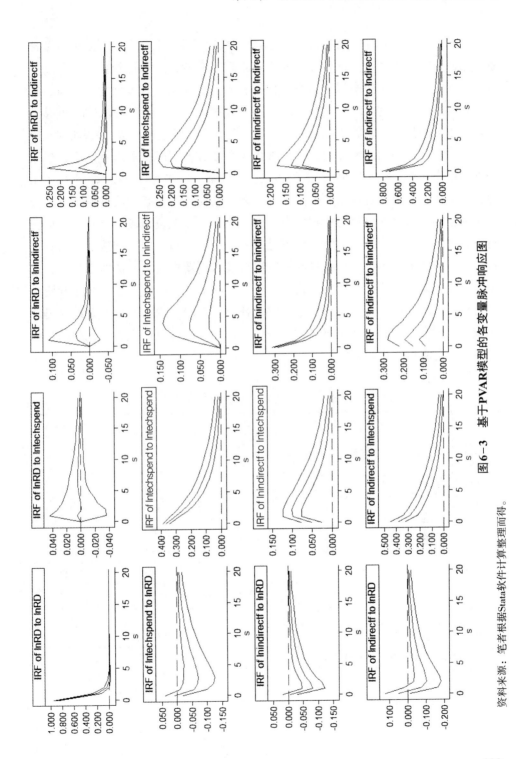

图6-3 基于PVAR模型的各变量脉冲响应图

资料来源：笔者根据Stata软件计算整理而得。

表6-7显示了前10期的方差分解结果，可以看到，技术创新投资的方差分解在第四期后基本稳定。从各变量的方差贡献率来看，技术创新投资的波动不管是短期还是长期主要来源于自身的惯性，方差贡献率一直占据主导地位，在第一期时贡献率达到100%，之后缓慢下降，在第四期后稳定在97.3%。间接融资对技术创新投资波动的贡献较小，到第四期后基本稳定在0.4%，说明间接融资对技术创新变动的影响非常微弱。直接融资的方差贡献率一直在上升，到第四期后稳定在2.2%，说明相对于间接融资的贡献，直接融资对技术创新的冲击更大，对技术创新投资可以产生更大的影响，主要是因为我国战略性新兴产业技术创新的外部融资渠道为股权融资，即主要受直接融资市场的影响，而以银行贷款为主要方式的间接融资市场不是其主要融资渠道，因而间接融资市场对技术创新的冲击较小。财政科技经费支出对技术创新投资波动的贡献较小，这说明相比企业主要的外部融资方式，财政科技经费支出的政策引导效应和资金支持较弱，只能作为技术创新资金来源的补充。总的来说，方差分解结果显示区域技术创新投资的波动主要来自自身的惯性，其次是直接融资市场、间接融资市场和财政科技经费支出。

表6-7 PVAR 模型方差分解结果

	滞后期数	lnRD	lntechspend	lnindirectf	lndirectf
lnRD	1	1	0	0	0
lnRD	2	0.982	0	0.001	0.017
lnRD	3	0.975	0.001	0.003	0.021
lnRD	4	0.973	0.001	0.004	0.022
lnRD	5	0.973	0.001	0.004	0.022
lnRD	6	0.973	0.001	0.004	0.022
lnRD	7	0.973	0.001	0.004	0.022
lnRD	8	0.973	0.001	0.004	0.022
lnRD	9	0.973	0.001	0.004	0.022
lnRD	10	0.973	0.001	0.004	0.022

资料来源：笔者根据 Stata 软件计算整理而得。

本章小结

首先，本章对宏观视角下的融资约束进行界定；其次，分析宏观融资约束影响区域技术创新投资的理论机制，在此基础上，采用状态空间模型分析外部融资约束政策对企业技术创新的状态效应；最后，通过 PVAR 模型分析外部融资约束政策对技术创新的动态冲击。

第一，分析了宏观视角下融资约束对区域技术创新的影响机制。财政科技经费支出主要通过资金支持效应对战略性新兴产业的技术创新产生影响。而社会融资规模通过控制全社会的融资供应量来影响技术创新投资，从而影响企业外部融资的难度和成本，最终影响到区域技术创新水平。

第二，分析了宏观视角下融资约束对技术创新的时变效应。在考虑不可观测时间变量因素的情况下，本章采用我国 2002~2016 年的数据，建立状态空间模型，研究了社会融资规模与财政科技经费支出分别对战略性新兴产业技术创新投资的时变效应。状态空间模型实证结果显示，社会融资规模的变动和财政科技经费支出对我国战略新兴产业的技术创新投资存在正向的促进作用，这种促进作用会随时间推移而发生变化。

第三，分析了宏观视角下融资约束对技术创新的动态冲击效应。将外部融资约束政策和技术创新投资同时引入 PVAR 模型，并采用我国 29 个省份 2002~2016 年的面板数据进行脉冲响应和方差分解，以分析外部宏观融资约束政策对技术创新的动态冲击效应。脉冲响应结果显示，技术创新投资短期内对自身冲击的响应程度最大，其次是直接融资、间接融资和科技经费支出，但响应的持续时间都较短。方差分解结果显示，技术创新投资的变化主要源于自身惯性的影响，在外部宏观融资约束政策中，首先是直接融资规模对技术创新投资的变动影响最大，其次为间接融资规模和财政科技经费支出。这说明，直接融资市场的繁荣对技术创新的影响较大，可以有力地促进企业创新。所以在激励企业进行创新的政策中，应该充分发挥直接融资市场的调节机制，并加强政府的引导和激励作用。

融资约束下提升企业技术创新能力的实现路径

　　第五章和第六章分别从微观和宏观的角度探讨了融资约束对技术创新的影响，发现对于微观企业来说，融资约束抑制了企业的创新活动。从宏观来看，融资约束的放松有利于区域技术创新，而融资约束的收紧不利于技术创新。目前我国经济还处于转型期，资本市场发展还不成熟，存在结构性缺陷，各种法律法规和制度体制还不完善，企业融资渠道不稳定，融资成本高、融资效率低，难以在短期内从根本上解决企业的融资约束问题，所以融资约束将是我国企业需长期面临的一个重要问题，但创新是一国经济持续增长的强大动力，如何在融资约束下提升技术创新能力，成为当前企业和政府重点关注的问题。技术创新是由微观企业实施的行为，国家创新能力的提升最终要落脚到企业技术创新能力的提升，因而本章仍然从微观的角度讨论技术创新能力的提升路径。保证技术创新所需资金是技术创新活动顺利进行的基础条件，融资约束下企业技术创新能力的提升必须首先保证技术创新资金的持续投入，以维持技术创新的持续性。同时，技术创新还受外部政治经济环境的影响，例如，经济政策的波动、政府补贴政策、制度环境政策等方面，这些外部环境是否能改善融资约束对技术创新的负向作用，刺激企业的技术创新投入，提升企业的技术创新能力，将是本章要重点讨论的问题。

第一节　内部创新资金持续性、融资约束与技术创新能力提升

一、内部创新资金的持续性与技术创新能力提升的机制分析

　　根据第三章的分析可知，技术创新主要依赖内部现金流和外部股权融资。

然而，内部现金流和股权融资都具有很大的波动性和不确定性，是不稳定的资金来源。创新型的新兴公司更有可能由风险资本家提供资金，在资金来源上更容易波动（Hellmann 和 Puri，2000）。现金流主要来自企业的净利润，与企业的经营风险密切相关。布朗等（Brown 等，2009）认为，净利润的波动性是很大的，虽然劳动力成本在短期内是准固定的，但当其他成本或收入受到冲击时会导致净利润大幅波动，例如，利率的上升、税率的提高、人民币的升值、宏观政策的变动等因素。对于中国而言，股权融资波动性表现更为明显，自 1990 年我国成立上海证券交易所以来，股票市场就一直伴随着波动性和不稳定，屡经大起大落。上证指数在 2007 年创下了历史最高 6124.04 点，随即开始下跌，2008 年一度跌至最低点 1664.93 点。随着四万亿元投资政策和十大产业振兴规划的出台，A 股市场掀起了新一轮大牛市，股指从 2008 年 11 月的 1664 点涨至 2009 年 7 月的 3478 点，在不到 10 个月的时间里涨幅达 109%。然而，综观世界主要发达国家的股票市场，自次贷危机后道琼斯工业平均指数和纳斯达克指数，一直保持稳定的上升速度，上升趋势非常稳定，仅在 2016 年出现小幅波动。可以看到，我国股票市场存在很大的波动性和起伏性，无论是波动的幅度，还是波动的次数都远远高于西方成熟市场乃至一些发展中国家的股票市场。作为技术创新的主要融资方式，当股市处于熊市或者股价下跌时，企业通过股权融资的难度增大，最终影响企业技术创新的融资。

由技术创新的特点可知，技术创新调整成本很高，一旦主要的资金来源发生波动，就会导致技术创新的中断，前期投入的成本无法收回，成为沉没成本，给企业造成重大损失，研发支出的大幅调整成本导致融资约束对研发密集型企业更具约束力（Brown 和 Petersen，2011）。对于研发密集度高和研发融资需求高的企业和行业来说，研发融资需求的满足会对技术创新成效的提升产生更加明显的作用（Ilyina 和 Samaniego，2011）。在此情况下，企业通过何种途径来维持当前的技术创新投入，保持技术创新的持续性呢？

如果企业没有面临融资约束，企业可以通过外部其他资金渠道解决资金缺口，保证研发的持续进行。如果企业面临融资约束，从外部融资难度大或无法从外部融资，那么企业只能从企业内部进行调整，通过释放企业的流动性来暂时满足技术创新的资金需求。流动性可以创造价值的一种方式是允许受资金约束的公司在面对金融冲击时，通过其流动性管理来抵消大部分资金冲击，从而维持相对平稳的技术创新支出，最终降低调整成本。由于现金持有可以在较短的时间内释放流动性，缓解财务状况对研发的冲击，有效地避免了与改变研发投资路径相关的高调整成本。在现金流状况较好或发行股票的有利时期，企业可以建立现金储备以预防未来融资负面冲击对技术创新投资的不利影响，在资金紧缺时企业从现金储备中提取现金，可以部分（或完全）抵消现金流或股票融资的负面冲击，让企业更好地控制正在进行的研发项目的当前和未来调整成本。所以面临融资约束的公司有强烈的动机建立和管理现金储备，以平滑研发投资。然而，面临严重融资约束的公司可能不会完全平滑研发，因为持有大量现金是需要一定成本的。金（Kim，1998）认为，企业最优现金持有量为权衡低现金持有造成的损失和减少对外部高融资成本资金需求所获收益的结果。

在现金持有量有限时，企业还可以通过调整速动比率的方式来释放企业的流动性，将有限的资金投入到调整成本高的技术创新投资中，因而在面临融资约束时，企业会降低企业的速动比率，减少企业的速动资产（变现时没有任何成本，也不承担损失），提高流动性来暂时满足企业技术创新的资金需求，维持企业的创新投资。速动比率为企业速动资产与流动负债的比值，该指标可以较全面地反映企业资产的流动性，反映企业资产在价值不损失情况下的变现能力。速动比率越大，企业的变现能力越强。速动资产为流动资产扣除存货的部分，包括货币资金、短期投资、应收票据、应收账款及其他应收款，可以在较短时间内迅速变现。当企业的技术创新投资面临资金压力时，为了提高资金的使用效率，企业可以通过调整速动比率，将部分速动资产变现，释放流动性来缓冲甚至抵消资金波动对技术创新投资造成的影响，以满足技术创新的资金需求。在降低速动比率的过程中，企业可以优先将变现能力强的资产首先变现，例如，营运资金（流动资产与流动负债之差）不仅调整成本较小，而且变现能力强，因而企业一般会优先削减营运资金，将有限的资金投入到调整成本高的技术创新投资中（鞠晓生，2013）。

由此推测，在融资约束下，当企业技术创新的内部现金流和股权融资发生波动时，企业可以通过现金持有和调整速动比率的方式释放流动性来保证企业技术创新资金的持续性，进而维持企业技术创新的持续性。

二、内部创新资金持续性与技术创新能力提升的实证检验

（一）模型的设置

第四章研究发现内部现金流和股权融资是我国战略性新兴产业技术创新投

资的主要资金渠道，本章在此基础上继续研究主要资金渠道发生波动时，企业如何维持内部创新资金的持续性，来提升企业技术创新能力。

为了检验现金持有和速动比率在维持内部创新资金的持续性中的作用，本章在第四章第三节式（4-7）基础上分别加入现金持有变化量和速动比率的变化量。

$$(RD/K)_{i, t} = \alpha_1 (RD/K)_{i, t-1} + \alpha_2 (RD/K)_{i, t-1}^2 + \alpha_3 (S/K)_{i, t} +$$
$$\alpha_4 (S/K)_{i, t-1} + \alpha_5 (Stk)_{i, t} + \alpha_6 (Stk)_{i, t-1} + \alpha_7 \Delta CashH + v_{i, t}$$
$$(7-1)$$

$$(RD/K)_{i, t} = \alpha_1 (RD/K)_{i, t-1} + \alpha_2 (RD/K)_{i, t-1}^2 + \alpha_3 (S/K)_{i, t} +$$
$$\alpha_4 (S/K)_{i, t-1} + \alpha_5 (Stk)_{i, t} + \alpha_6 (Stk)_{i, t-1} + \alpha_8 \Delta Qration + v_{i, t}$$
$$(7-2)$$

在式（7-1）中，ΔCashH 反映现金持有量的变化，采用现金流量表中现金及现金等价物净增加额进行度量。对于面临融资约束，需要依靠现金储备来维持内部创新资金持续性的企业，ΔCashH 的系数为负。而对于没有融资约束的公司，现金持有在维持内部创新资金持续性中没有发挥作用，ΔCashH 的系数应该显著为零。

在式（7-2）中，ΔQration 反映速动比率的变化，ΔQration＝本期速动比率-上期速度比率，速动比率＝（流动资产-存货）/流动负债。对于面临融资约束，需要依靠速动比率来维持内部创新资金持续性的企业，ΔQration 系数为负。而对于没有融资约束的公司，速动比率在维持内部创新资金持续性中没有发挥作用，ΔQration 的系数应该显著为零。我国战略性新兴产业上市公司普遍存在融资约束，因此，预期 ΔCashH 和 ΔQration 的系数均为负。

（二）技术创新可持续性的检验结果

表7-1 报告了式（7-1）和式（7-2）的估计结果，模型1 和模型2 分别为现金持有和速动比率在维持内部创新资金持续性中的作用。由估计结果可知，ΔCashH 和 ΔQration 的系数在1%的显著性水平下均显著为负，说明现金持有量的变化和速动比率的变化与技术创新投资呈反向变化，即技术创新投资随着现金持有量的减少而增加，随着速动比率的降低而增加。以现金持有量为例，ΔCashH 的系数表示本期现金持有量增量对技术创新投资支出的影响系数为-0.0146，且在1%显著性水平下显著，说明在其他变量保持不变的前提下，如

果企业减少一单位的现金持有量，那么技术创新投资将会增加 0.0146 个单位，这说明企业当期现金持有水平下降的幅度越大，通过现金持有变化释放出的流动性越多，那么现金持有对维持内部创新资金持续性的作用就越强。实证结果显示，我国战略性新兴产业中普遍存在用现金持有和速动比率来维持内部创新资金的持续性。另外，股票融资系数和现金流系数与第四章第三节结果基本一致，说明估计结果是稳健的。

表 7-1　技术创新的持续性检验

变量	模型 1	模型 2
L. RK	1.063 *** （0.0182）	1.054 *** （0.0174）
（L. RK）^{2}	−1.743 *** （0.0490）	−1.729 *** （0.0508）
CFK	−0.0422 *** （0.0077）	−0.0447 *** （0.0079）
L. CFK	0.0769 *** （0.0056）	0.0761 *** （0.0058）
S/K	0.0237 *** （0.0012）	0.0246 *** （0.0011）
L. S/K	−0.0247 *** （0.001）	−0.0257 *** （0.0009）
Stk	0.0178 *** （0.002）	0.0121 *** （0.0005）
L. Stk	−0.0101 *** （0.0008）	−0.0089 *** （0.0007）
ΔQration		−0.0003 *** （8.30e−05）
ΔCashH	−0.0146 *** （0.0016）	
常数项	0.0002 （0.0006）	0.0007 （0.0005）
观测值	3847	3834
样本数	757	756

注：＊、＊＊、＊＊＊分别表示在10%、5%、1%显著性水平下显著；括号内的数字为标准误差，下同。
资料来源：笔者根据 Stata 软件计算整理而得。

大量文献表明，企业年龄是影响企业外部融资的重要因素。由于存在信息不对称，小规模企业为了获得外部融资需要支付较高金额的"风险溢价"而导致融资成本过高，或者无法获得外部融资，因而为了维持技术创新资金的持续性，企业的预防性动机更加强烈。表 7-2 的模型 1 和模型 2 分别为成熟企业和年轻企业的现金持有在维持内部创新资金持续性中的检验结果，样本划分的依据为企业年龄（企业年龄大于均值为成熟企业，小于均值为年轻企业）。本章将样本划分为成熟企业和年轻企业，主要是考察在这两类样本中现金持有在维持内部创新资金持续性中的作用是否存在显著差异，因而本章关注的重点为两类样本的现金持有量系数的大小和显著性。在年轻样本中，$\Delta cashH$ 的系数为 -0.013；在成熟样本中，$\Delta cashH$ 的系数为 -0.0022，且两个系数在 1% 的显著性水平下均显著为负。对比可以看到，年轻样本的 $\Delta cashH$ 系数绝对值明显大于成熟样本，说明年轻企业更依赖于用现金持有来维持内部创新资金的持续性。主要原因是年轻公司一方面受制于自身积累，内部现金流有限，另一方面在资本市场上信用不够，融资难度较大，因而可能比成熟企业面临更严重的融资约束。为了维持内部创新资金的持续性，年轻公司更有动力来进行现金管理，建立现金储备，以缓冲技术创新的融资来源波动造成的调整成本过高问题，使其免受融资资金波动带来的影响，因此，对现金持有来维持内部创新资金持续性的依赖性较强。而对成熟企业来说，从外部融资相对年轻企业来说更为容易，融资约束程度相对更小，即使技术创新面临着资金的冲击，也可由其他的外部资金来源进行解决。因为现金持有是需要成本的，并可能产生代理问题，而外部融资相对容易，所以成熟公司在权衡了现金持有的成本和外部融资的成本后，会更倾向于使用外部其他融资渠道来维持内部创新资金的持续性。考虑到融资约束问题，成熟企业与年轻企业在使用现金持有来维持内部创新资金持续性上有所差异。这与布朗等（Brown 等，2011）基于美国 1970~2006 年制造业上市公司的数据得到的结论几乎一致，即现金持有在平滑研发支出中起到平滑作用，面临融资约束公司的现金持有量与 R&D 投资同步增长，无融资约束公司的现金持有量与 R&D 投资之间没有关系。

　　原则上，公司应根据经营和竞争环境的要求持有现金。早在凯恩斯（1936）的文献中就表明，财务上受限的公司更有可能囤积现金，也就是说企业特征在很大程度上决定了企业现金持有的最佳水平（Opler 等，1999），但研发公司的许多因素可能会增加公司持有现金的倾向，例如，现金流波动、股票发行波动、竞争和财务约束等（He 和 Babajide，2016）。贝茨（Bates，2009）指出，研发支出比普通资本支出使用外部资金更加昂贵，所以研发支出会更倾向于使用现金持有来应对未来现金流的冲击。从本章的分析可以发现，现金持有对研发密集型公司的重要性体现在可以维持内部创新资金的持续性，确保技术创新活动的顺利进行。所以对于面临融资约束的企业，为了维持内部创新资金的持续性，必须做好现金储备或速动资产的储备，以避免资金波动对技术创新造成的不利影响。从宏观角度来看，正是由于研发密集型企业在建立和利用现金储备方面相当成功，避免技术创新投资的调整，才使整个社会的技术创新投资保持平稳增长。

为了验证现金持有在维持内部创新资金持续性中的作用是否与企业的融资约束程度有关，本章根据第三章计算的融资约束程度将样本分为两组，表7-2的模型3和模型4分别为低融资约束企业和高融资约束企业的现金持有在维持内部创新资金持续性中的检验结果。由检验结果可知，在高融资约束样本中，$\Delta CashH$的系数为-0.0202，在低融资约束样本中，$\Delta CashH$的系数为-0.0081，且两个系数在1%的显著性水平下均显著。对比可以看到，高融资约束样本的$\Delta CashH$的系数绝对值明显高于低融资约束样本，说明现金持有在维持内部创新资金持续性中的作用在融资约束严重的企业中表现更为明显，融资约束越严重的企业越依赖于用现金持有来维持内部创新资金的持续性。

表7-2　不同类型企业技术创新的持续性检验

变量	模型1	模型2	模型3	模型4
L. RK	1.203 ***	0.804 ***	1.282 ***	0.815 ***
	(0.0201)	(0.0101)	(0.0081)	(0.0083)
$(L. RK)^2$	-1.812 ***	-1.330 ***	-2.036 ***	-1.500 ***
	(0.0958)	(0.0254)	(0.0331)	(0.0209)
CFK	-0.0130 ***	-0.0339 ***	-0.0233 ***	-0.0282 ***
	(0.0049)	(0.004)	(0.0022)	(0.0029)
L. CFK	0.0828 ***	0.0419 ***	0.0379 ***	0.0411 ***
	(0.0019)	(0.0038)	(0.0014)	(0.0031)
S/K	0.0127 ***	0.0267 ***	0.0251 ***	0.0144 ***
	(0.0006)	(0.0006)	(0.0005)	(0.0004)
L. S/K	-0.0239 ***	-0.0228 ***	-0.0228 ***	-0.0152 ***
	(0.0007)	(0.0004)	(0.0004)	(0.0004)
Stk	0.0117 ***	0.0312 ***	-0.0085 ***	0.0530 ***
	(0.0012)	(0.0013)	(0.0007)	(0.001)
L. Stk	-0.0106 ***	-0.0048 ***	-0.0166 ***	-0.0025 ***
	(0.0005)	(0.0004)	(0.0002)	(0.0004)

变量	模型 1	模型 2	模型 3	模型 4
ΔCashH	-0.0130***	-0.0022***	0.0081***	-0.0202***
	(0.0007)	(0.0008)	(0.0007)	(0.0013)
常数项	0.001*	0.0041***	-0.0057***	0.0048***
	(0.0006)	(0.0005)	(0.0003)	(0.0003)
观测值	1728	2119	1919	1928
样本数	479	579	381	376

资料来源：笔者根据 Stata 软件计算整理而得；L. 表示滞后一期变量，下同。

第二节　外部政治经济环境、融资约束与技术创新能力提升

一、外部政治经济环境与技术创新能力提升的机制分析

企业的技术创新能力除受企业自身特征影响之外，还受外部政治经济环境的影响。梳理关于技术创新能力的相关文献，发现经济政策的不确定性、政府补贴、制度环境等是影响技术创新能力的主要外部环境因素。那么在融资约束下，经济政策的不确定性、政府补贴、制度环境等外部环境是否能缓解融资约束与技术创新的负向作用，提升企业的技术创新能力呢？这是本节研究的主要问题。经济政策不确定性可以反映外部经济环境对企业行为的影响，政府补贴政策可以反映国家对企业技术创新活动的支持力度，制度环境可以反映企业技术创新的外部政治环境，下面将从理论机制上分析经济政策的不确定性、政府补贴、制度环境对融资约束与技术创新负向作用的调节作用。

（一）经济政策不确定性、融资约束与企业创新能力

尽管技术创新不可避免地受到国家经济政策波动的影响，但目前经济政策不确定性对技术创新的影响还没有得到一致的结论。一种观点认为，经济政策

不确定性对技术创新存在促进作用，这是因为经济政策不确定性代表着未来存在增加收益的机会（顾夏铭等，2018），不确定性是企业利润的核心来源，如果未来的一切都可以预测，那么企业利润的源泉就会消失。所以在追求利润的驱动下，不确定性有利于企业增加研发投入（Knighe，1921），经济政策不确定性对企业的技术创新表现出激励作用；另一种观点认为，经济政策不确定性抑制了企业技术创新活动，因为经济政策不确定性意味着宏观经济冲击的波动，通常会降低抵押品价值，抵押品的有限价值限制了公司为其投资项目进行外部融资的能力。因此，在经济政策不确定下，融资约束的企业比不受融资约束的企业更多地削减投资。根据实物期权理论，当企业面临不确定性时，企业会延缓投资，以等待投资环境更加明晰、影响投资决策的信息更加充分和明确时，再行决定是否开展投资项目。迪克西特和平狄克（Dixit 和 Pindyck，1995）运用实物期权理论在投资领域进行了研究，发现经济政策不确定性抑制资本投资，李凤羽和杨墨竹（2015）、王义中和宋敏（2014）、韩国高（2014）基于中国的数据进行了验证，发现经济政策不确定性对中国企业的投资活动具有明显的抑制作用，这个结论也同样适用于技术创新投资，即经济政策不确定性延缓或推迟企业的技术创新，对技术创新产生抑制作用（郝威亚，2016）。

虽然融资约束是企业普遍面临的问题，但不同企业的融资约束程度存在差异。即使面临同样的经济政策不确定性环境，由于不同决策者的决策思路和企业属性的不同等因素的存在，经济政策不确定性对技术创新可能会产生不同的影响效果，因此，融资约束下经济政策不确定性是否能缓解融资约束与技术创新的负向关系，还难以得到明确的结论。

（二）政府补贴、融资约束与企业创新能力

维森特（Vicente，2013）指出，技术创新具有外溢效应，私人投资的回报率低于社会平均回报率，即技术创新项目表现出"低私人回报率、高社会回报率"特征，导致技术创新存在"市场失灵"，同时，资本市场是不完美的，技术创新等风险项目存在融资约束，私人创新水平低于社会最优水平，所以政府期望通过政府补贴去填补私人和社会最佳研发投资水平之间的差距，激励企业进行创新活动，以实现社会最优创新投资。

政府补贴是无偿给予企业的创新资金。从领取补贴的企业角度来看，政府补贴意味着企业收入的增加，有助于改善企业的融资约束状况，但由于政府补贴发生在技术创新活动前，容易发生道德风险和逆向选择，因此，直接补贴存

在收入效应和挤出效应。从收入效应来看，政府补贴为企业提供创新资金，配置一定的资源激励企业进行创新，缓解了企业技术创新的融资约束，而且通过增加企业的收入降低了技术创新的成本，增加了盈利，有助于企业将更多的资金用于研发，开辟新的创新项目（Gorg，2007）。同时，政府补贴具有信号效应，企业获得政府补贴在某种程度上意味着企业与政府的关系良好，充当了企业和创新项目质量认证的角色，为企业获得后续的外部创新资金提供了便利，企业获得的政府补贴越大，企业越愿意投入更多的银行贷款到创新活动中（李汇东等，2013）。当直接补贴更多地用于低私人回报率的创新项目时，说明直接补贴发挥了积极的收入效应。直接补贴的挤出效应表现为通过"逆向激励"，使市场资源的配置发生扭曲，破坏正常的市场竞争秩序，抑制企业的技术创新（陈玲，2016；陈希敏，2016）。由于存在信息不对称，政府很难全面地掌握企业创新能力和创新项目的项目信息，难以准确地判断哪些项目是高社会回报率低私人回报率，且部分企业为了获得政府补贴，可能会虚报相关信息，导致骗补事件的发生，由此导致一些急需政府补贴进行创新的企业无法得到补贴，另外一些获得补贴的企业在追求自身利益最大化的目标驱动下并没有将补贴用于创新，而是用于非创新项目，挤占了创新要素，扭曲了市场激励机制，造成了资源错配，降低了市场效率，影响了政府补贴激励效应的发挥（柳光强，2016）。

当企业面临融资约束时，资金需求量大的技术创新项目会由于创新资金的不足被放弃或暂缓，特别是对于风险较大的研发项目，缺少外部资金支持成为企业技术创新的主要障碍。如果政府补贴发挥对技术创新的激励作用，可以有效对冲技术创新的资金短缺状况，使收益较好风险较大的技术创新项目得以开展，从而缓解融资约束与技术创新的负向关系。但如果政府补贴的挤出效应大于激励效应，政府补贴就难以发挥应有的作用。

（三）制度环境、融资约束与企业创新能力

通过第三章的分析可知，东部地区企业的融资约束程度最大，西部地区企业的融资约束程度最小，这说明融资约束程度与各地区的市场化制度环境是紧密相关的。那么制度环境是否能改善融资约束与技术创新的负向关系呢？一般来说，制度环境越好的地区，法律法规较为完善，政府干预较少，金融体制较为健全，信息公开透明，为企业的技术创新提供了良好的外部政治环境。主要体现在以下五个因素：一是市场化制度环境有助于缓解企业和投资者之间的信

息不对称问题，拓宽企业的融资渠道，降低外部融资的成本，减少企业外部融资过程中的障碍，优化了企业的外部融资结构，弥补了企业技术创新资金的不足（朱永明和贾明娥，2017）；二是市场化制度增强了市场在资源分配中的作用，不仅减少了政府的干预，降低了寻租行为发生的可能性，降低了企业技术创新的投资风险，而且通过完善的专利保护制度，降低了企业对市场不确定性的敏感度，提高了创新的专有性，刺激了当前的研发投资，激励了企业的创新积极性（吴超鹏和唐菂，2016）；三是市场化制度通过提高信息的灵敏度，为企业提供更灵敏的价格信息，使资金更快地流向高效率投资领域，提高了资金的分配效率，降低了资本价格的扭曲程度，在一定程度上降低了资本的风险溢价；四是市场化制度通过收入的分配增加了技术创新人员的劳动报酬，提高了技术人员的技术回报率，刺激了技术人员的创新积极性，有助于提升企业的技术创新水平；五是市场化制度有力地推动了我国的对外贸易，通过商品的进出口，有利于我国企业加强技术的引进和消化吸收，通过技术溢出效应，推动我国企业的自主创新和模仿创新等创新活动（李平和刘雪燕，2015）。由此推测，市场化制度环境有利于缓解融资约束对技术创新的负向作用。

二、外部政治经济环境与技术创新能力提升的模型设定

（一）模型设置

本节的模型基于第五章微观视角下融资约束对技术创新的影响模型，为了检验经济政策不确定性、政府补贴、制度环境是否能缓解融资约束与技术创新的负向关系，本章在第五章研究融资约束对技术创新影响的模型基础上引入经济政策不确定性、政府补贴、制度环境变量作为调节变量，并设置以下计量模型：

$$Innovationg_{i,\,t} = \alpha_0 + \alpha_1\, Fconstraints_{i,\,t-1} + \sum \theta_i\, x_{i,\,t-1} + \alpha_2\, EPU_{i,\,t} +$$

$$\alpha_3\, EPU_{i,\,t} \times Fconstraints_{i,\,t-1} + ind_{i,\,t} + \theta_t + \varepsilon_{i,\,t} \qquad (7\text{-}3)$$

在式（7-3）中，$EPU_{i,\,t}$ 表示经济政策不确定性水平，如果交互性 α_3 的估计值显著为正，那么表示经济政策不确定性可以缓解融资约束与技术创新的负向作用；如果显著为负，那么表示经济政策不确定性增加了融资约束与技术创新的负向作用。

$$Innovationg_{i,t} = \alpha_0 + \alpha_1\,Fconstraints_{i,t-1} + \sum \theta_i\,x_{i,t-1} + \alpha_2\,Sub_{i,t} +$$

$$\alpha_3\,Sub_{i,t} \times Fconstraints_{i,t-1} + ind_{i,t} + \theta_t + \varepsilon_{i,t} \qquad (7\text{-}4)$$

在式（7-4）中，$Sub_{i,t}$ 表示企业获得的政府补贴水平，如果交互性 α_3 的估计值显著为正，则表示政府补贴可以缓解融资约束与技术创新的负向作用；如果显著为负，则表示政府补贴增强了融资约束与技术创新的负向作用。

$$Innovationg_{i,t} = \alpha_0 + \alpha_1\,Fconstraints_{i,t-1} + \sum \theta_i\,x_{i,t-1} + \alpha_2\,Market_{i,t} +$$

$$\alpha_3\,Market_{i,t} \times Fconstraints_{i,t-1} + ind_{i,t} + \theta_t + \varepsilon_{i,t} \qquad (7\text{-}5)$$

在式（7-5）中，$Market_{i,t}$ 表示企业的市场化制度环境，如果交互性 α_3 的估计值显著为正，那么表示制度环境可以缓解融资约束与技术创新的负向作用；如果显著为负，那么表示制度环境增强了融资约束与技术创新的负向作用。

在式（7-3）～式（7-5）中，$Innovationg_{i,t}$ 表示技术创新投入，$Fconstraints_{i,t-1}$ 表示上期的融资约束水平，$\sum \theta_i\,x_{i,t-1}$ 表示控制变量的向量组合，控制变量的设置与第五章式（5-21）相同。

（二）变量选取及数据来源

1. 变量的说明

（1）经济政策不确定性。关于经济政策不确定性的度量指标较多，本章采用 Baker 等（2016）构建的经济政策不确定性指数，该指数在近期研究宏观政策的文献中被广泛使用，已被证明能全面客观地反映中国经济政策的波动。经济政策不确定性指数越大，表示政策不确定性程度越高；反之亦然。由于该指数是月度指数，本章通过每年取月度算术平均值的方式将月度经济政策不确定性指数转化成年度经济政策不确定性指数。

（2）政府补贴政策。政府补贴包括财政拨款、财政贴息、税收返还[①]和无偿划拨非货币性资产，本章政府补贴数据采用企业年报附注中每年收到的"政府补助"进行表示。

（3）制度环境。目前文献对制度环境的度量大多采用王小鲁和樊纲（2016）的市场化指数，该指数由政府与市场的关系、非国有经济的发展、产

---

① 税收返还主要包含先征后返（退）、即征即退等办法向企业返还的税款，但不包括直接减征、免征、增加计税抵扣额、抵免部分税额等形式的税收优惠。

品市场的发育程度、要素市场的发育程度以及市场中介组织的发育和法律制度环境五个方面组成，可以全面地反映制度环境建设的各个方面。该指数具有较好的连续性，且提供了分省份的数据，为面板数据的研究提供了便利，在实证中得到广泛的应用。本章重点考察制度环境能否缓解融资约束与技术创新的负向作用，市场化指数与本章的需求较为符合，因此，本章采用市场化指数来度量各地区的制度环境。由于本章的样本为战略性新兴产业上市公司的数据，无法直接获取各上市企业对应的市场化指数，采用的方法为按照各上市公司注册地所在省份，找到对应省份的市场指数。

2. 数据来源

本章使用的样本来自第三章测算融资约束水平的 773 家战略性新兴产业上市公司，研究样本的时间范围为 2009~2017 年。融资约束、技术创新和相关控制变量的数据同第五章。政府补贴数据来源于国泰安数据库和 CCER 数据库，缺失数据从财务报表附注中当期非经常性损益明细表下的政府补助项目中进行手工收集，包括财政拨款、财政贴息、税收返还、无偿划拨非货币性政府补助资产。EPU 数据采用斯坦福大学与芝加哥大学联合发布的政策不确定性指数，来源于香港的政策不确定性网站①。制度环境采用王小鲁和樊纲 2016 年编制的《中国分省份市场化指数报告》中各省份的市场化水平总指数数据，但是该报告中的数据截至 2014 年，对于 2014 年以后的数据采用趋势外推法进行补齐。

三、外部政治经济环境与技术创新能力提升的实证检验

（一）融资约束下政策不确定性对企业技术创新能力提升的实证检验

政策环境作为影响企业技术创新的外部因素，从宏观角度对企业的技术创新活动产生影响，一旦国家经济政策发生变动，企业的技术创新活动不可避免地会受到政策的影响。

表 7-3 的第 2 列和第 3 列的回归结果表明，回归模型中加入经济政策不确定性与融资约束的交叉项后，融资约束对技术创新投入的负向作用仍然是显著的，且交叉项的系数显著为正，说明经济政策不确定性缓解了融资约束对技术

---

① http://www.policyuncertainty.com/china_monthly.html.

创新的抑制作用。也就是说，当经济政策环境不确定性提高时，融资约束对技术创新投入的抑制作用减小了。原因主要是：经济政策不确定性的增加意味着企业的经营环境将发生重大变化，这既是机遇也是挑战，企业之间将呈现优胜劣汰，只有那些生产效率高、竞争力强的企业可以最终在行业中生存下来，而创新能力是企业增强核心竞争力的关键因素，那么企业可以充分利用经济政策不确定性带来的机遇，通过增加技术创新投入来提升企业的核心竞争力，增加企业在未来市场竞争中获胜的概率。

表 7-3　融资约束下政策不确定性对企业技术创新的影响结果

变量	研发密集度	研发强度
L. FC	-0.0691^{***} （0.0261）	-0.286^{***} （0.0597）
L. size	-0.273^{***} （0.0503）	-0.592^{***} （0.120）
L. 托宾 Q 值		-0.0221 （0.0293）
L. Concertr	-0.0087^{**} （0.0038）	-0.0246^{***} （0.0088）
L. Sgrowth	-0.0001 （0.0002）	-0.0017^{***} （0.0005）
age	-0.0367^{**} （0.0149）	-0.160^{***} （0.0357）
EPU×L. FC	0.0002^{*} （9.13e−05）	0.0007^{***} （0.0002）
EPU	0.0028^{***} （0.0008）	0.0129^{***} （0.0017）
Constant	8.409^{***} （1.162）	15.80^{***} （2.775）
观测值	3846	3846
样本数	757	757

资料来源：笔者根据 Stata 软件计算整理而得。

（二）融资约束下政府补贴对企业技术创新能力提升的实证检验

已有研究发现，政府补贴对技术创新具有收入效应和挤出效应，那么政府补贴是否能缓解融资约束对技术创新的抑制作用呢？为了检验政府补贴是否能调节融资约束对技术创新的抑制作用，本章将在回归模型中引入政府补贴与融资约束的交叉项。

表 7-4 的回归结果显示，回归模型中加入政府补贴与融资约束的交叉项后，融资约束的系数显著为负，政府补贴的系数显著为正，但交叉项的系数不显著，

说明政府补贴虽然有助于促进企业技术创新，但难以缓解融资约束对技术创新的抑制作用。

表7-4 融资约束下政府补贴对企业技术创新的影响结果

变量	研发密集度	研发强度
L. FC	-0.0277^* （0.0145）	-0.155^{***} （0.036）
Sub	0.226^{***} （0.0308）	0.426^{***} （0.0765）
Sub×L. FC	-0.0150 （0.0122）	-0.0188 （0.0304）
all controls	控制	控制
观测值	3846	3846
样本数	757	757

资料来源：笔者根据 Stata 软件计算整理而得。

（三） 制度环境对融资约束下企业技术创新能力提升的实证检验

表7-5 的回归结果显示，回归模型中加入制度环境与融资约束的交叉项后，融资约束的系数显著为负，制度环境的系数显著为正，且交叉项的系数显著为正，说明制度环境缓解了融资约束对技术创新的抑制作用。也就是说，当制度环境改善后，融资约束对技术创新的抑制作用减小了。所以市场化水平越高的地区，融资约束对技术创新的抑制作用越小，而市场化水平越低的地区，融资约束对技术创新的抑制作用越大，即出现强者越强、弱者越弱的"马太效应"，通过这种效应，不断拉大地区之间技术创新水平的差异。这是因为市场化水平高的地区，法律法规较为完善，信息透明度高，金融体系健全，金融资源丰富，完善的制度环境不仅可以缓解企业的融资约束，为技术创新提供良好的外部融资环境，而且可以更好地为企业技术创新保驾护航，有利于激励企业进行技术创新。而市场化程度低的地区，难以为技术创新提供有力的制度保障。对于面临融资约束的企业，这种不利的制度环境加重了融资约束对技术创新的抑制作用，不利于企业进行技术创新。

表 7-5　融资约束下制度环境对企业技术创新的影响结果

变量	研发密集度	研发强度
L. FC	−0.0359*** （0.0122）	−0.168*** （0.0304）
Market	0.838*** （0.266）	1.319** （0.658）
Market×L. FC	0.0172*** （0.0053）	0.0240* （0.0131）
all controls	控制	控制
观测值	3843	3843
样本数	757	757

资料来源：笔者根据 Stata 软件计算整理而得。

第三节　融资约束下提升企业技术创新能力的路径分析

一、加大技术创新资金的持续性管理

进入 21 世纪，技术创新凸显出越来越重要的作用，而企业只有保证技术创新资金的持续投入，才能保证技术创新活动的持续性，最终从根本上提升企业的技术创新能力。然而，企业资金持续投入的最大障碍为融资约束问题，成熟企业融资约束相对较小，可以通过外部其他资金渠道来解决技术创新的资金缺口，年轻企业面临的融资约束较为严重，难以依赖外部资金进行解决，所以年轻企业会更依赖于通过内部资金来维持创新的持续性，例如，建立现金储备，或保持较高的速动比率来预防技术创新可能出现的资金缺口。由于我国企业普遍面临融资约束，因此，我国企业维持创新可持续性的途径是在现金流较好或股市繁荣期建立有效的现金储备或保持适当的速动比率，以预防未来主要融资渠道发生波动时技术创新投资可能出现的资金缺口，让企业更好地控制正在进行或未来计划进行的技术创新项目，以维持技术创新的持续性，提升企业的技术创新能力。

二、加强技术创新外部政治经济环境的优化

(一) 构建良好的外部经济环境

虽然经济政策的不确定性会带来负面影响，例如，抑制企业的投资，但本章发现经济政策不确定性有助于缓解融资约束对技术创新的抑制作用，因而相关部门在调整经济政策时要权衡利弊，客观评估经济政策的波动对不同经济活动的影响，以发挥经济政策的最大效应。目前，我国处于创新驱动发展阶段，鉴于经济政策不确定性对创新活动具有调节效应，相关部门应致力于构建良好的外部经济环境，使用有效的金融政策和行政手段，使外部环境的发展有利于创新型企业进行创新，以帮助企业更好地发挥其创新活力，最终使产业结构得到调整和优化，推动我国经济高质量发展。

(二) 恰当使用政府补贴政策

由于政府补贴对创新活动具有收入效应和挤出效应，而本章发现政府补贴难以缓解融资约束对技术创新的抑制作用。因此，政府在使用政府补贴政策时，要根据具体的激励目标，综合评估给企业带来的收益，以达到最优的激励效果。

(三) 创造良好的制度环境

由于制度环境可以有效缓解融资约束与技术创新的负向作用，因此，对政府而言，应该将政策的重点放在为技术创新提供良好的制度环境，降低融资约束对技术创新的抑制作用。主要可以采取以下三项措施：一是加强相关法律法规对技术创新的保障，例如，通过知识产权保护制度，最大限度地降低创新项目的外部性和外部融资过程中信息不对称造成的不利影响，提高创新的专有性，保护企业的创新成果，缓解企业的融资约束，激励企业创新积极性；二是要加快要素市场的发育程度，特别是金融业的市场化，增强信贷资金分配的公平化，拓宽企业融资渠道，降低融资成本，为技术创新提供良好的外部融资环境；三是深化市场化改革要重点关注缩小地区间市场化水平的差异，重点加快经济欠发达地区的制度环境建设，缩小与经济发达地区市场化水平的差异，为技术创新提供良好的制度环境，有效地提升区域技术创新能力，缩小与经济发达地区在技术创新能力方面的差异。

本章小结

融资约束对技术创新具有抑制作用，如何在融资约束下提升企业的技术创新能力是企业和政府需要关注的重点问题。保持技术创新所需资金是技术创新活动顺利进行的基础条件，首先，本章从企业内部的角度，通过探讨如何维持内部创新资金的持续性来保证技术创新活动的持续进行；其次，从技术创新的外部政治经济环境出发，研究政府如何制定有效的政策和制度环境，来缓解融资约束与技术创新的负向关系，最终推进融资约束下企业技术创新能力的提升，从而得到以下三点结论：

第一，从技术创新的内部资金持续性来看，虽然我国战略性新兴产业技术创新投资的主要资金来源为内部现金流和股权融资，但这两种资金渠道均容易发生波动，造成技术创新投资资金的不稳定性，影响技术创新的持续进行。本章实证发现，现金持有和速动比率可以在维持内部创新资金持续性中发挥平滑作用，且年轻企业更依赖于用现金持有来维持内部创新资金的持续性，这与年轻企业面临较为严重的融资约束程度有关。

第二，从技术创新的外部政治经济环境来看，经济政策不确定性和制度环境可以有效地缓解融资约束对技术创新的抑制作用，而政府补贴难以发挥调节作用。

第三，融资约束下提升企业技术创新能力的对策建议。从企业内部来看，企业应该在现金流较好或股市繁荣期建立有效的现金储备或保持适当的速动比率，以预防未来主要融资渠道发生波动时技术创新投资可能出现的资金缺口，让企业更好地控制正在进行或未来计划进行的技术创新项目，以维持技术创新的持续性，提升企业的技术创新能力。从企业外部的政治经济环境来看，政府不仅要着力构建良好的外部经济环境，帮助企业更好地发挥创新活力；更要通过良好的制度环境来增强企业技术创新的动力和积极性，为企业技术创新提供良好的政治环境，最终提升企业的技术创新能力。

第八章

结论与启示

本书以融资约束理论和技术创新理论等相关理论为基础，较为全面地探讨了融资约束对技术创新的影响问题。首先，本书对我国融资约束和技术创新的现状进行了分析，初步了解了融资约束和技术创新的关系；其次，采用战略性新兴产业上市公司数据从微观层面分析了融资约束对技术创新的影响；再次，基于战略性新兴产业的省份面板数据从宏观层面分析了融资约束对区域技术创新的影响；最后，基于实证分析结果，提出融资约束下提升技术创新能力的实现路径，为我国创新驱动发展战略的实施提供了相应的政策建议。

一、主要结论

(一) 融资约束与技术创新的现状特征

尽管战略性新兴产业的发展壮大离不开资金的支持，但受行业本身特征的影响，战略性新兴产业在进行外部融资时普遍面临着融资约束问题，那么融资约束程度有多大？同时，技术创新是战略性新兴产业发展的灵魂，那么战略性新兴产业的技术创新特征如何？本章基于我国战略性新兴产业上市公司的数据，对我国企业的融资约束和技术创新特征进行分析。研究得到以下三个结论：

其一，我国战略性新兴产业上市公司面临的融资约束程度随时间推移而不断增加，说明企业发展过程中存在的融资约束问题越来越严重。从行业来看，首先是我国战略性新兴产业中节能环保产业面临的融资约束程度最大，其次为新能源汽车，而生物产业和新一代信息技术产业最后面临的融资约束程度最小。从区域来看，我国战略性新兴产业上市公司面临的融资约束程度呈现从东到西递增的特征。

其二，从我国战略性新兴产业的总体情况来看，技术创新投入和技术创新产出均呈现逐年增长的趋势，但创新效率偏低。从战略性新兴产业内的子行业情况来看，技术创新投入和产出最高的行业均为电子及通信设备制造业，最低的行业为航空、航天器及设备制造业。从战略性新兴产业内各企业的情况来看，企业之间技术创新的差异非常明显，极化现象极其严重。

其三，我国战略性新兴产业技术创新的融资特征表现为融资渠道单一、政府投入有限和外部融资不足，这些特征导致企业技术创新面临融资约束问题，在一定程度上制约了企业的技术创新活动。

（二）融资约束影响技术创新的形成渠道分析

企业进行投资的资金来源有多种，可以归结为两类：一类是内源融资，另一类是外源融资。企业具体选择哪种融资方式与自身的属性和各种融资渠道的特点相关。如果技术创新依赖外部融资，那么必然受到融资约束的影响，如果技术创新仅由内部资金进行解决，不依赖外部融资，那么就不会受到融资约束的影响。本章围绕技术创新的融资渠道来分析融资约束影响技术创新的实现条件，首先，从理论上分析融资渠道影响技术创新的机理；其次，并以此为基础展开本章的实证检验，以明确技术创新是否依赖外部融资，研究得到以下两个结论：

其一，我国战略性新兴产业上市公司的技术创新对内部现金流存在明显的依赖性。

其二，技术创新除了依赖内部现金流之外，还明显依赖外部融资，股权融资是我国战略性新兴产业技术创新投资的主要外部资金渠道，由此可知，我国战略性新兴产业的技术创新依赖于外部融资，需要到外部资本市场进行融资，因此，技术创新必然受到融资约束的影响。

（三）微观视角下融资约束对企业技术创新的影响

目前我国战略性新兴产业主要以中小企业为主，这些企业发展过程中遇到的最大障碍为融资难融资贵问题，而技术创新离不开资金的支持，技术创新在很大程度上依赖于企业获得外部融资的多少。那么战略性新兴产业的融资约束问题如何影响企业的技术创新？首先，本章从理论上分析融资约束对技术创新的影响机制；其次，采用我国战略性新兴产业上市公司的数据从微观角度考察融资约束对企业技术创新的影响，并基于企业不同的属性进行分类讨论；最后，进行实证结果的稳健性检验。研究得到以下两个结论：

其一，融资约束对技术创新具有抑制效应，融资约束不仅负向影响企业的技术创新投入，而且负向影响企业的技术创新产出，且对发明专利这类实质性创新的抑制作用要明显高于策略性创新。

其二，融资约束对技术创新的抑制作用具有选择效应，从产权性质来看，融资约束对国有企业技术创新投入的抑制效应高于非国有企业，但对国有企业技术创新产出的抑制作用小于非国有企业；从战略性新兴产业内的各子行业来看，新一代信息技术产业、高端装备制造业和新能源汽车产业、新材料产业和节能环保产业中融资约束对技术创新投资的影响一致为负，但影响程度有所差异。从行业属性来看，融资约束对制造业技术创新投入和产出的抑制作用均小于非制造业，融资约束对低外源融资度行业的技术创新投入的负向影响程度明显低于其他行业。

（四）宏观视角下融资约束对区域技术创新的影响

企业是国家技术创新体系的主体，企业技术创新能力归根结底也是为了提高国家和区域创新能力，为国家产业升级和结构调整提供有力支撑，而融资约束也具有明确的宏观经济维度，企业现金流的波动与整个经济周期内总体经济的变动相关，受到国家财政金融政策和宏观融资约束的影响。所以，有必要从宏观角度分析融资约束对技术创新的影响，为融资约束与技术创新的关系提供宏观层面的证据。本章以宏观视角下融资约束影响技术创新的机制分析为基础，采用状态空间模型分析宏观融资约束政策对技术创新的状态效应，并通过PVAR模型分析融资约束政策对技术创新的动态冲击。研究得到以下两个结论：

其一，社会融资规模的变动和财政科技经费支出所代表的宏观融资约束对我国战略新兴产业的技术创新投资均存在正向的促进作用，但这种促进作用会随时间而发生变化。

其二，技术创新投资的变化主要源于自身惯性的影响，在宏观融资约束政策中，首先是直接融资规模对技术创新投资的变动影响最大，其次为间接融资规模和财政科技经费支出，说明直接融资市场的繁荣可以有效地发挥对技术创新的促进作用。

（五）融资约束下提升企业技术创新能力的实现路径

考虑到融资约束对技术创新的抑制作用，那么如何在融资约束下提升企业的技术创新能力是企业和政府需要关注的重点问题。首先，本章从企业内部的角度，探讨如何保持技术创新所需资金，维持创新的可持续性；其次，从技术创新的外部政治经济环境出发，研究如何制定有效的政策来缓解融资约束与技术创新的负向作用，最终促进融资约束下企业技术创新能力的提升。研发得到以下三个结论：

其一，从技术创新的内部资金持续性来看，现金持有和速动比率均可以在维持内部创新资金持续性中发挥平滑作用，且年轻企业更依赖于用现金持有来维持内部创新资金的持续性，这与年轻企业面临较为严重的融资约束程度有关。

其二，从技术创新的外部政治经济环境来看，经济政策不确定性和制度环境可以有效地缓解融资约束对技术创新的抑制作用，而政府补贴难以发挥调节作用。

其三，从融资约束下提升企业技术创新能力的路径来看，对于企业来说，企业应该在现金流较好或股市繁荣期建立有效的现金储备或保持适当的速动比率，以预防未来主要融资渠道发生波动时技术创新投资可能出现的资金缺口，让企业更好地控制正在进行或未来计划进行的技术创新项目，以维持技术创新的持续性。对于政府来说，不仅要着力构建良好的外部经济环境，帮助企业更好地发挥创新活力；还要通过良好的制度环境来增强企业技术创新的动力和积极性，为企业技术创新提供良好的政治环境，最终提升企业的技术创新能力。

二、主要启示

我国战略性新兴产业普遍存在融资约束问题，且融资约束对技术创新存在抑制作用，导致我国战略性新兴产业整体创新投入不足，创新效率偏低。为了提高我国技术创新能力，对于政府来说，主要从两方面着手：一是要通过完善的金融体系拓宽企业融资渠道、降低融资成本，缓解企业面临的融资约束问题，从资金上扫除技术创新的障碍，为技术创新提供资金保证；二是要为企业营造良好的创新环境，制定鼓励技术创新的政策，激励企业创新的动力和积极性。对于企业来说，必须从自身实际情况出发，制定相应的融资策略，为技术创新投资提供资金保证，确保技术创新活动的持续顺利开展。

（一）构建支持企业技术创新的金融体系

1. 融资政策的制定要考虑行业差异

我国战略性新兴产业不同行业面临的融资约束程度存在显著差异，且融资约束对技术创新的抑制作用也存在行业差异，这与各行业的行业特征紧密相关。因此，相关部门在制定促进技术创新活动的融资政策时要充分考虑行业差异，可在全国统一的总体融资政策基础上，充分考虑各行业的行业特征和发展状况，因地制宜地制定差异化的融资政策和调控政策，以提高金融资源配置效率，更好地发挥行业比较优势，促进各行业间协调发展。

2. 大力发展直接融资市场，健全我国多层次资本市场，拓宽企业技术创新的融资渠道

在技术创新资金需求增长的背景下，直接融资市场的繁荣在拓宽融资渠道、降低融资成本方面发挥了重要的作用。我国技术创新的主要外部融资渠道为股权融资，但目前我国直接融资市场还不发达，直接融资规模偏小，直接融资在社会融资规模中所占比例偏低，间接融资仍然是企业融资的主要方式。为了从根本上解决企业的融资难融资贵问题，应健全我国多层次资本市场，完善我国风险投资体系，大力发展直接融资，推进股票和债券市场改革，让直接融资方式具备相应的规模和多样化的结构，引导资金投向创新企业，发挥私募股权投资基金和风险投资基金在支持创新驱动发展战略中的作用，稳步推进再融资、并购重组、股份减持和退市等基础性制度改革，着力补齐制度短板，建立全方位的市场体系，为越来越多的创新型企业提供适合的金融工具，让更多企业有更多样化的融资选择、更畅通的融资渠道，优化企业技术创新投融资的外部环境。

3. 发展科技金融

约翰·戈登（2005）指出，金融和技术的进步是美国经济崛起的关键。在科技发展日新月异的今天，科技与金融只有高度融合，才能实现全面的创新驱动，有效促进经济增长。而目前"融资难融资贵"已成为科技创新型企业发展过程中面临的共同金融难题，制约了企业的技术创新活动。科技金融是指科技产业与金融产业的融合，发展科技金融主要是为科技产业、高新（创新）技术及其产品寻求融资提供便利，推动科技创新与金融创新的双向无缝对接，完善金融支持科技创新的新途径，促进科技创新型企业的发展，通过"科技+""互联网+"、大数据、云计算、人工智能、区块链等新技术助力企业创新活动，增强企业创新活力和创新动力。

4. 进一步推动金融改革，提高金融资源配置效率

融资约束本质上反映了金融资源的错配，要想真正缓解企业面临的融资约束，必须加快金融体制改革，推动金融工具的创新，提高金融资源配置效率。考虑到融资约束的两个表现，金融体制改革主要从金融供给数量和供给价格两方面进行：一是要扩大金融总规模，丰富融资工具，增加资金总供给，充分发

挥民间金融和互联网金融服务中小企业的优势。当然，在这个过程中，更要注重金融资源的结构问题，提高直接融资所占的比重，降低间接融资的比重。二是要提高金融服务质量，降低融资成本，扩大金融服务的覆盖范围，提升金融业服务效率和服务体验，形成专门针对战略性新兴产业等研发密集型产业的融资平台与工具，引导和鼓励风险资本和长期资本投资于技术创新项目，最终形成以市场机制为基础，政府投入为引导，企业为主体，社会资金广泛参与的技术创新融资体系，让更多的金融资源流向技术创新项目和技术创新企业。

5. 发挥政府在技术创新融资中的引导和保障作用

我国企业面临的融资约束问题尤其严重，与我国资本市场的不成熟状况有关。要从根本上提高我国资本市场的效率，一方面，要发挥市场在资源配置中的基础性作用，让市场机制在分配金融资源的过程中起主导作用；另一方面，也要发挥政府的引导、中介和保障作用，帮助资金的供给方和需求方顺利完成资金的对接，为市场机制的运行搭建平台和提供必要的保障。例如，可以通过政府的财政支出政策，引导民间资本和股权基金投资技术创新项目；在技术创新企业的发展初期，通过信用担保帮助企业获得发展资金，在企业发展成熟后退出企业的融资，让市场机制发挥作用。

（二）完善创新支撑政策

1. 营造全社会创新的氛围，增强创新意识

要推动企业创新，首要的是培养和增强企业的创新意识，引导企业主动创新，创造一个"鼓励创新，宽容失败"的宽松环境，在全社会营造浓厚的崇尚科技进步、科技创新的氛围。

2. 完善知识产权保护和评估体系

由于技术创新外部性和不确定性导致企业进行技术创新的意愿不强，而知识产权保护制度可以降低市场不确定性和创新外溢效应对企业投资决策的影响，给予技术创新者临时垄断权，提高知识产权的专用性，使创新企业从创新中获得更大份额的回报，更好地保护企业的创新成果和创新价值，从而增强企业技术创新的动力。同时，需要完善知识产权价值的评估体系，组织好知识产权质押贷款工作，弥补信息不对称引发的风险问题，为社会资金进入技术创新项目提供保障。

3. 健全创新项目的信息资源共享机制，降低信息不对称

目前，关于技术创新项目的成果、资金扶持政策、项目申报情况、项目招

投标等方面的信息需要从各种渠道进行搜集，条块分割现象严重，缺乏以投资者为服务对象的统一信息共享平台，加大了信息搜集的成本。大部分外部投资者的资讯来源于各类网络、交流会、园区、政策解读会、上市公司年报等渠道，信息分散，使信息获取成本高、耗时长。搭建创新项目的统一信息共享平台，健全创新信息资源共享机制，有助于外部投资者获取创新项目的相关信息，降低投融资过程中的信息不对称问题。

4. 优化我国财政科技支出结构

由于融资约束对企业实质性创新，即高质量创新的抑制作用更明显，所以政府一方面要鼓励企业加大对实质性创新的研发投入，引导企业追求高质量的创新，而不仅仅追求创新的数量和速度；另一方面政府要不断加大对基础研究的财政支出，使基础研究的支出在 R&D 经费支出中的比重持续提高，弥补企业在实质性创新方面的不足。

（三）企业提高核心竞争力，增强融资能力

1. 提高公司的盈利能力，增强企业核心竞争力

持续的盈利能力是企业长期发展的动力，也是吸引投资者的关键。投资者主要根据企业的发展前景和盈利能力来确定投资决策，企业融资难的根本原因是企业的盈利能力有限，难以达到投资者期望的投资回报率。企业只有创造更高的利润，才能具备良好的持续盈利能力，为企业获得外部融资提供保证，而这些都依赖于企业的核心竞争力，即创新能力。所以，从根本上来说，解决企业融资难问题的关键在于提升企业创新能力，应通过创新来掌握核心技术，从而增强企业的核心竞争力。

2. 制定灵活的融资策略，缓解企业面临的融资约束

企业应该根据不同发展阶段的特点制定灵活的融资策略。在企业创业期，由于企业风险较大，企业可选择股权基金、创业基金、天使投资以及抵押贷款等融资方式进行融资。尽管融资成本相对较高，但企业可以通过孵化期在创业浪潮中迅速崛起，降低企业的运作成本；在企业成长期，企业一般重点在于通过技术创新开发新产品，进而开拓新市场，在市场竞争中占据有利地位。在这段时间，企业可以开始在资本市场上寻求资金的支持，通过 IPO 上市、增发、配股等方式进行融资；在企业成熟期，中小企业拥有相对丰厚的自有资金，向银行等中介结构进行融资非常容易，而且融资成本也相对较低，但由于原有的业务已发展成熟，而新业务还没有为企业贡献利润，此时企业的盈利能力已经

大不如前，企业在此阶段进行融资时，要重点考虑企业的财务风险状况，避免使用过多的债务融资增加企业的资产负债率。

3. 加强信息披露，提高信息披露质量，降低融资过程中的信息不对称

由于融资约束产生的根本原因是信息不对称问题，为了缓解企业面临的融资约束，企业应该重点做好信息披露工作，降低外部投资者与企业之间的信息不对称程度。主要采取以下三个方面的措施：一是企业不仅要就统一化的披露信息进行披露，还应根据公司特点，进行个性化披露，提高信息披露的深度和广度，重点披露投资者关注的项目信息、资金用途、企业长期发展战略和盈利能力等方面；二是信息披露要全面、及时、客观、真实反映公司的实际情况，对存在的问题、风险和不足要进行详细披露；三是除了进行强制性信息披露之外，企业还应该主动进行自愿性信息披露，主动披露公司长期战略、发展规划、研发费用、公司实际运作数据、未来盈利预测、公司治理效果、环境风险等相关信息，提高公司信息的透明度，从而全面反映公司面临的机会与挑战，以便于信息使用者快速地对公司财务状况、发展前景进行分析预测，做出最佳的投资决策，从而降低融资过程中的信息不对称，减小企业外部融资的风险溢价，降低企业外部融资成本。

三、研究不足与展望

融资约束与技术创新的相关理论和实证研究成果较为丰富，学者基于不同角度、不同方法进行了相关研究。本书基于战略性新兴产业的数据从微观和宏观两个视角研究了融资约束对技术创新的影响，这对下一步解决我国企业的"融资难融资贵"问题，提升企业技术创新能力具有一定的现实和理论意义。但由于时间和水平的限制，本书还存在两个方面的局限性，有待下一步进行研究和思考。

第一，本章选择的样本为战略性新兴产业上市公司，而战略性新兴产业大多为中小企业，其中，有很多处于初创期未上市的公司，这些公司在技术创新过程中的融资约束问题表现更为突出，但受数据的限制，未上市的公司未能纳入样本范围，这对本书的研究造成了一定的限制。因此，未来将考虑通过微观调查数据将战略性新兴产业非上市公司纳入样本范围，对我国战略性新兴产业的融资约束程度进行综合评价，进而研究融资约束对技术创新的影响。另外，在全球掀起技术创新的浪潮下，未来还可以使用涵盖全球不同国家的数据集

（尤其是涵盖欧美发达国家和发展中国家）来研究融资约束与技术创新的关系，对于我国在技术创新方面找出差距和制定对策，将会产生重要的现实意义。

第二，本书从制度环境的角度分析了融资约束下企业技术创新能力的提升路径，发现制度环境有助于缓解融资约束对技术创新的负向作用。制度环境是由多个政治经济文化制度共同组成，具体哪些制度可以缓解融资约束与技术创新的负向作用，通过什么作用机制产生影响，将是下一步研究的方向。例如，专利保护制度，可以最大限度地降低创新项目外部性造成的不利影响，保护企业的创新成果，激励企业的创新积极性，下一步可以基于制度环境的不同视角来研究制度环境、融资约束与技术创新的关系。

参考文献

[1] Abel A B. Empirical Investment Equations: An Integrative Framework [C]. Carnegie-Rochester Conference Series on Public Policy Elsevier, 1980, 12: 39-91.

[2] Abel A B, Blanchard O J. The Present Value of Profits and Cyclical Movements in Investment [J]. Econometrica, 1986, 54 (2): 249-273.

[3] Aggarwal V A, Hsu D H. Entrepreneurial Exits and Innovation [J]. Management Science, 2014, 60 (4): 867-887.

[4] Aghion P, Bond S, Klemm A, et al. Technology And Financial Structure: Are Innovative Firms Different? [J]. Journal of the European Economic Association, 2004, 2 (2-3): 277-288.

[5] Aghion P, Reenen J V, Zingales L. Innovation and Institutional Ownership [J]. Cepr Discussion Papers, 2013, 103 (1): 277-304.

[6] Aghion P, Howitt P, Mayerfoulkes D. The Effect of Financial Development on Convergence: Theory and Evidence [J]. Quaterly Journal of Economics, 2005, 120 (1): 173-222.

[7] Akerlof G. The Market for "Lemons": The Quality of Uncertainty and the Market Mechanism [J]. Quarterly Journal of Economics, 1970, 84 (3): 488-500.

[8] Allred B B, Park W G. The Influence of Patent Protection on Firm Innovation Investment in Manufacturing Industries [J]. Journal of International Management, 2007, 13 (2): 91-109.

[9] Almeida H, Campello M, Weisbach M S. The Cash Flow Sensitivity of Cash [J]. The Journal of Finance, 2004, 59 (4): 1777-1804.

[10] Anderson T W, Cheng Hsiao. Estimation of Dynamic Models with Error Components [J]. Publications of the American Statistical Association, 1981, 76 (375): 598-606.

[11] Ang J S, Cheng Y, Wu C. Does Enforcement of Intellectual Property Rights Matter in China? Evidence from Financing and Investment Choices in the High-Tech Industry [J]. Review of Economics and Statistics, 2014, 96 (2): 332-348.

[12] Anton J J, Yao D A. The Sale of Ideas: Strategic Disclosure, Property Rights, and Contracting [J]. Review of Economic Studies, 2002, 69 (3): 513-531.

[13] Arellano, Manuel, S Bond. Some Tests of Specification for Panel Data: Monte Carlo Evidence and an Application to Employment Equations [J]. Review of Economic Studies, 1991, 58 (2): 277-297.

[14] Arellano M, Bover O. Another Look at the Instrumental Variable Estimation of Error-components Models [J]. CEP Disscussion Papers, 1990, 68 (1): 29-51.

[15] Arrow K. Economic Welfare and the Allocation of Resources for Invention [J]. NBER Chapters, 1962 (12): 609-626.

[16] Atanassov J. Arm's Length Financing and Innovation: Evidence from Publicly Traded Firms [J]. Management Science: Journal of the Institute of Management Science, 2016, 62 (1): 128-155.

[17] Audretsch D B, Agustí Segarra, Teruel M. Why Don't All Young Firms Invest in R&D? [J]. Small Business Economics, 2014, 43 (4): 751-766.

[18] Baker S R, N Bloom, S J Davis. Measuring Economic Policy Uncertainty [J]. Quarterly Journal of Economics, 2016 (131): 1593-1636.

[19] Bates T W, Kahle K M, RENé M Stulz. Why Do U. S. Firms Hold So Much More Cash than They Used to? [J]. The Journal of Finance, 2009, 64 (5): 1985-2021.

[20] Beck T, Levine R. Industry Growth and Capital Allocation: Does Having a Market- or Bank-Based System Matter? [J]. Journal of Financial Economics, 2002, 64 (2): 147-180.

[21] Becker, Bettina. Public R&D Policies and Private R&D Investment: A Survey of the Empirical Evidence [J]. Journal of Economic Surveys, 2014, 29 (5): 917-942.

[22] Berger A N, Udell G F. The Economics of Small Business Finance: The Roles of Private Equity and Debt Markets in the Financial Growth Cycle [J]. Journal

of Banking & Finance, 1998 (22): 613–673.

[23] Bernanke B S, Gertler M, Gilchrist S. The Financial Accelerator and the Flight to Quality [J]. Review of Economics & Statistics, 1996, 78 (1): 1–15.

[24] Bernanke B, Gertler M. Agency Costs, Net Worth, and Business Fluctuations [J]. American Economic Review, 1989, 79 (1): 14–31.

[25] Bernstein J I, Nadiri M I. Research and Development and Intra–industry Spillovers: An Empirical Application of Dynamic Duality [J]. Review of Economic Studies, 1989, 56 (2): 249–267.

[26] Bhattacharya S, Ritter J R. Innovation and Communication: Signalling with Partial Disclosure [J]. Journal of Financial & Quantitative Analysis, 1980, 15 (4): 853–854.

[27] Bhagat S, Welch I. Corporate Research & Development Investments International Comparisons [J]. Journal of Accounting & Economics, 1995, 19 (2–3): 443–470.

[28] Blanes J V, Busom I. Who Participates in R&D Subsidy Programs?: The Case of Spanish Manufacturing Firms [J]. Research Policy, 2004, 33 (10): 1459–1476.

[29] Blasco A S, Garcia–Quevedo J, Teruel M. Financial Constraints and the Failure of Innovation Projects [J]. Social Science Electronic Publishing, 2013 (47): 326–335.

[30] Bloch C. R&D Investment and Internal Finance: The Cash Flow Effect [J]. Economic of Innovation New Technology, 2005, 14 (3): 213–223.

[31] Bloom N, Griffith R, Reenen J V. Do R&D Tax Credits Work? Evidence From a Panel of Countries 1979–1997 [J]. Journal of Public Economics, 2002, 85 (1): 1–31.

[32] Blundell R, Bond S. Initial Conditions and Moment Restrictions in Dynamic Panel Data Models [J]. Economics Papers, 1998, 87 (1): 115–143.

[33] Bond S, Meghir C. Dynamic Investment Models and the Firm's Financial Policy [J]. Review of Economic Studies, 1994, 61 (2): 197–222.

[34] Borisova G, Brown J R. R&D Sensitivity to Asset Sale Proceeds: New Evidence on Financing Constraints and Intangible Investment [J]. Journal of Banking & Finance, 2013, 37 (1): 159–173.

［35］ Bronzini R, Piselli P. The Impact of R&D Subsidies on Firm Innovation ［J］. Research Policy, 2016, 45 (2): 442-457.

［36］ Brown J R, Petersen B C. Cash Holdings and R&D Smoothing ［J］. Journal of Corporate Finance, 2011, 17 (3): 694-709.

［37］ Brown J R, Martinsson G, Petersen B C. Do Financing Constraints Matter for R&D? ［J］. European Economic Review, 2011, 56 (8): 1512-1529.

［38］ Brown J R, Fazzari S M, Petersen B C. Financing Innovation and Growth: Cash Flow, External Equity, and the 1990s R&D Boom ［J］. Journal of Finance, 2010, 64 (1): 151-185.

［39］ Campello M, Graham J R, Harvey C R. The Real Effects of Financial Constraints: Evidence from a Financial Crisis ［J］. Journal of Financial Economic, 2010, 97 (3): 470-487.

［40］ Cheng B, Ioannou I, Serafeim G. Corporate Social Responsibility and access to Finance ［J］. Strategic Management Journal, 2014, 35 (1): 1-23.

［41］ Clark J, Freeman C, Soete L. Long Waves, Inventions and Innovations ［J］. Futures, 1981, 13 (4): 308-322.

［42］ Cooley T F, Quadrini V. Monetary Policy and the Financial Decisions of Firms ［J］. Economic Theory, 2006, 27 (1): 243-270.

［43］ Cornell B, Shapiro A C. The Reaction of Bank Stock Prices to the International Debt Crisis ［J］. Journal of Banking & Finance, 1986, 10 (1): 55-73.

［44］ Czarnitzki D, Toole A A. Patent Protection, Market Uncertainty, and R&D Investment ［J］. Zew Discussion Papers, 2006, 93 (1): 147-159.

［45］ Czarnitzki D, Hottenrott H. R&D Investment and Financing Constraints of Small and Medium-sized Firms ［J］. Small Business Economics, 2011, 36 (1): 65-83.

［46］ Denis D J, Sibilkov V. Financial Constraints, Investment, and the Value of Cash Holdings ［J］. Review of Financial Studies, 2010, 23 (1): 247-269.

［47］ Diamond D W. Financial Intermedation and Delegated Monitoring ［J］. Review of Economic Studies, 1984, 51 (3): 393-414.

［48］ Diamond D W. Monitoring and Reputation: The Choice between Bank Loans and Directly Placed Debt ［J］. Journal of Political Economy, 1991, 99 (4): 689-721.

［49］ Egger P, Keuschnigg C. Innovation, Trade, and Finance ［J］. Social Science

Electronic Publishing, 2015, 7 (2): 121-157.

[50] Enos J L. Invention and Innovation in the Petroleum Refining Industry [J]. Nber Chapters, 1962, 27 (8): 786-790.

[51] Farre - Mensa J, Ljungqvist A. Do Measures of Financial Constraints Measure Financial Constraints? [J]. SSRN Electronic Journal, 2013, 29 (2).

[52] Faulkender M, Wang R. Corporate Financial Policy and the Value of Cash [J]. The Journal of Finance, 2006, 61 (4): 1957-1990.

[53] Fazzari S M, Petersen B C. Working Capital and Fixed Investment: New Evidence on Financing Constraints [J]. Rand Journal of Economics, 2000, 24 (3): 328-342.

[54] Fazzari S M, Hubbard R G, Petersen B C, et al. Financing Constraints and Corporate Investment [J]. Brookings Papers on Economic Activity, 1988 (1): 141-206.

[55] García-Quevedo, José, Pellegrino G, Vivarelli M. R&D Drivers and Age: Are Young Firms Different? [J]. Research Policy, 2014, 43 (9): 1544-1556.

[56] Gertler M. Restrictions on Financial Intermediaries and Implications for Aggregate Fluctuations: Canada and the United States 1870-1913: Comment [J]. Nber Macroeconomics Annual, 1989, 4 (119): 340-345.

[57] Gertler M, Gilchrist S. The Role of Credit Market Imperfections in the Monetary Transmission Mechanism: Arguments and Evidence [J]. Scandinavian Journal of Economics, 1993, 95 (1): 43-64.

[58] Gobble M A M. Motivating Innovation [J]. Journal of Finance, 2011, 66 (5): 1823-1860.

[59] Gorg H, Strobl E. The Effect of R&D Subsidies on Private R&D [J]. Economica, 2007, 74 (294): 215-234.

[60] Gorodnichenko Y, Schnitzer M. Fianancial Constraints and Innovationg: Why Poor Countries Don't Catch up [J]. Journal of the European Economic Association, 2013, 11 (5): 1115-1152.

[61] Griliches Z. The Search for R&D Spillovers [J]. Scandinavian Journal of Economics, 1992, 94 (1): 29-47.

[62] Grossman G M, Helpman E. Innovation and Growth in the Global Economy [J]. Mit Press Books, 1991, 1 (2): 323-324.

［63］ Guellec D, Bruno V. The Impact of Public R&D Expenditure on Business R&D ［J］. Economics of Innovation and New Technology, 2003, 12 （3）: 225-243.

［64］ Hadlock C J, Pierce J R. New Evidence on Measuring Financial Constraints: Moving Beyond the KZ Index ［J］. Review of Financial Studies, 2010, 23 （5）: 1909-1940.

［65］ Hahn F, Friedman B M, Hahn F H. Handbook of Monetary Economics ［J］. Michael Woodford, 1990, 2 （409）: 1597.

［66］ Hall A, Bockett G, Taylor S, et al. Why Research Partnerships Really Matter: Innovation Theory, Institutional Arrangements and Implications for Developing New Technology for the Poor ［J］. World Development, 2016, 29 （5）: 783-797.

［67］ Hall B H. The Financing of Research and Development ［J］. Oxford Review of Economic Policy, 2002 （18）: 35-51.

［68］ Hall B H, Pietro M P C, Montresor S, et al. Financing Constraints, R&D Investments and Innovative Performances: New Empirical Evidence at the Firm Level for Europe ［J］. Economics of Innovation & New Technology, 2015, 25 （3）: 1-14.

［69］ Hall B H, Lerner J. The financing of R&D and innovation ［J］. Handbook of the Economics of Innovation, 2010 （1）: 609-639.

［70］ Hall, B H. Mairesse, J, Mohnen, P, Measuring the Returns to R&D Science Direct ［J］. Handbook of the Economics of Innovation, 2010 （2）: 1033-1082.

［71］ Hall B H, Harhoff D. Recent Research on the Economics of Patents ［J］. Annual Review of Economics, 2012, 4 （1）: 541-565.

［72］ Hall B H, Ziedonis R H. Patent Paradox Revisited: Determinants of Patenting in the US Semiconductor Industry, 1980-1994 ［J］. Nber Working Papers, 1999, 32 （1）: 706-720.

［73］ Hall B, Reenen J V. How Effective Are Fiscal Incentives for R&D? A Review of the Evidence ［J］. Research Policy, 2000, 29 （4）: 449-469.

［74］ Han S, Qiu J. Corporate Precautionary Cash Holdings ［J］. Journal of Corporate Finance, 2007, 13 （1）: 43-57.

［75］ He Z, Wintoki M B. The Cost of Innovation: R&D and High Cash Holdings in U. S. Firms ［J］. Journal of Corporate Finance, 2016 （41）: 280-303.

［76］ Hellmann T, Stiglitz J. Credit and Equity Rationing in Markets with Adverse Selection ［J］. European Economic Review, 2000, 44 （2）: 281-304.

［77］ Hellmann T, Puri M. The Interaction between Product Market and Financing Strategy: The Role of Venture Capital ［J］. Review of Financial Studies, 2000, 13 （4）: 959-984.

［78］ Himmelberg C P, Petersen B C. R&D and Internal Finance: A Panel Study of Small Firms in High-Tech Industries ［J］. Working Paper, 1991, 76 （76）: 38-51.

［79］ Hodgman D R. Credit Risk and Credit Rationing ［J］. Quarterly Journal of Economics, 1960, 74 （2）: 258-278.

［80］ Holtz-Eakin D, Rosen N H S. Estimating Vector Autoregressions with Panel Data ［J］. Econometrica, 1988, 56 （6）: 1371-1395.

［81］ Hottenrott H, Peters B. Innovative Capability and Financing Constraints for Innovation: More Money, More Innovation? ［J］. Review of Economics and Statistics, 2012, 94 （4）: 1126-1142.

［82］ Hubbard R G, Kashyap A K. Internal Net Worth and the Investment Process : An Application to U. S. Agriculture ［J］. Journal of Political Economy, 1992, 100 （3）: 506-534.

［83］ Hwang Y S, Min H G, Han S H. The Influence of Financial Development on R&D Activity: Cross-Country Evidence ［J］. Review of Pacific Basin Financial Markets & Policies, 2010, 13 （3）: 381-401.

［84］ Hud M, Hussinger K. The Impact of R&D Subsidies during the Crisis ［J］. Research Policy, 2015, 44 （10）: 1844-1855.

［85］ Hyytinen A, Toivanen O. Do Financial Constraints Hold back Innovation and Growth? : Evidence on the Role of Public Policy ［J］. Research Policy, 2003, 34 （9）: 1385-1403.

［86］ Ilyina A, Samaniego R. Technology and Financial Development ［J］. Journal of Money Credit & Banking, 2011, 43 （5）: 899-921.

［87］ Jaffe A B. Technological Opportunity and Spillovers of R&D: Evidence from Firms' Patents, Profits, and Market Value ［J］. American Economic Review, 1986, 76 （5）: 984-1001.

［88］ Jaffe A B, Trajtenberg M, Henderson R. Geographic Localization of Knowledge Spillovers as Evidenced by Patent Citations ［J］. Quarterly Journal of Economics, 1993, 108 （3）: 577-598.

［89］ Jensen M C, Meckling W H. Theory of the Firm: Managerial Behavior, Agency Costs and Ownership Structure ［J］. Social Science Electronic Publishing, 1976, 3 (4): 305-360.

［90］ Jorgenson D W. Capital Theory and Investment Behavior ［J］. American Economic Review, 1963, 53 (2): 247-259.

［91］ Kalman R E. A New Approach to Linear Filtering and Prediction Problems ［J］. Journal of Basic Engineering Transactions, 1960 (82): 35-45.

［92］ Kaplan S, Zingales L. Do Investment－cash Flow Sensitivities Provide Useful Measures of Financing Constraints? ［J］. Quarterly Journal of Economics, 1997, 112 (1): 169-215.

［93］ Kim C S, Mauer D C, Sherman A E. The Determinants of Corporate Liquidity: Theory and Evidence ［J］. Journal of Financial & Quantitative Analysis, 1998, 33 (3): 335-359.

［94］ Knight F H. Risk, Uncertainty and Profit ［J］. Houghton Mifflin Company, 1921 (4): 682-690.

［95］ Korajczyk R A, Levy A. Capital Structure Choice: Macroeconomic Conditions and Financial Constraints ［J］. Journal of Financial Economics, 2003, 68 (1): 75-109.

［96］ Kraus A, Litzenberger R H. A State－Preference Model of Optimal Financial Leverage ［J］. The Journal of Finance, 1973, 28 (4): 911-922.

［97］ Laeven L. Does Financial Liberalization Reduce Financing Constraints? ［J］. Financial Management, 2003, 32 (1): 5-34.

［98］ Lamont O, Christopher Polk Jesús Saá-Requejo. Financial Constraints and Stock Returns ［J］. The Review of Financial Studies, 2001, 14 (2): 529-554.

［99］ Beck T, Levine R. Industry Growth and Capital Allocation: Does Having a Market or Bank-Based System Matter? ［J］. Journal of Financial Economics, 2002, 64 (2): 147-180.

［100］ Levy A, Hennessy C. Why Does Capital Structure Choice Vary with Macroeconomic Conditions? ［J］. Journal of Monetary Economics, 2007, 54 (6): 1545-1564.

［101］ Li D. Financial Constraints, R&D Investment, and Stock Returns ［J］. Review of Financial Studies, 2011, 24 (9): 2974-3007.

［102］ Mansfield E. Industrial Research and Technological Innovation: An Econometric Analysis ［J］. Economica, 1971, 38 （149）: 676.

［103］ Maskus K E, Neumann R, Seidel T. How National and International Financial Development Affect Industrial R&D ［J］. European Economic Review, 2012, 56 （1）: 72-83.

［104］ Meuleman M. Do R&D Subsidies Affect SME's: Access to External Financing ［J］. Research Policy, 2012, 41 （3）: 580-591.

［105］ Mikkelson W H, Megan P M. Do Persistent Large Cash Reserves Hinder Performance? ［J］. Journal of Financial and Quantitative Analysis, 2003, 38 （2）: 20.

［106］ Miller M H, Modigliani F. Some Estimates of the Cost of Capital to the Electric Utility Industry, 1954-1957 ［J］. American Economic Review, 1966, 57 （3）: 333-391.

［107］ Mina A, Lahr H, Hughes A. The Demand and Supply of External Finance for Innovative Firms ［J］. Industrial and Corporate Change, 2013, 22 （4）: 869-901.

［108］ Modiglian, Miller M H. The Cost of Capital, Corporation Financing and the Theory of Investment ［J］. American Economic Review, 1959, 49 （4）: 655-669.

［109］ Mowery D, Rosenberg N. The Influence of Market Demand upon on Innovation: A Critical Review of Some Recent Empirical Studies ［J］. Research Policy, 1979 （8）: 102-153.

［110］ Myers S C. Determinants of Corporate Borrowing ［J］. Journal of Financial Economics, 1977, 5 （2）: 147-175.

［111］ Myers R S C. Problems in the Theory of Optimal Capital Structure ［J］. The Journal of Financial and Quantitative Analysis, 1966, 1 （2）: 1-35.

［112］ Myers S C, Majluf N S. Corporate Financing and Investment Decisions When Firms Have Informationthat Investors Do Not Have ［J］. Social Science Electronic Publishing, 2001, 13 （2）: 187-221.

［113］ Myers S C. Capital Structure Puzzle ［J］. Social Science Electronic Publishing, 1984, 39 （3）: 575-592.

［114］ Nadiri J I B I. Research and Development and Intra-industry Spillovers: An Empirical Application of Dynamic Duality ［J］. The Review of Economic Studies, 1989, 56 （2）: 249-267.

［115］ Narayanan M P. On the Resolution of Agency Problems by Complex Financial Instruments: A Comment [J]. The Journal of Finance, 1987, 42 (4): 8.

[116] Opler T, Pinkowitz L, René Stulz, et al. The Determinants and Implications of Corporate Cash Holdings [J]. Nber Working Papers, 1999, 52 (1): 3-46.

[117] Opler T, Titman S. The Determinants of Leveraged Buyout Activity: Free Cash Flow vs. Financial Distress Costs [J]. Journal of Finance, 1993, 48 (5): 1985-1999.

[118] Qiu J, Wan C. Technology Spillovers and Corporate Cash Holdings [J]. Journal of Financial Economics, 2014, 115 (3): 558-573.

[119] Rajan R G. Insiders and Outsiders: The Choice between Informed and Arm's-length Debt [J]. The Journal of Finance, 1992, 47 (4): 1367-1400.

[120] Rajan R G, Zingales L. Financial Dependence and Growth [J]. Social Science Electronic Publishing, 1998, 88 (3): 559-586.

[121] Rubinstein M E. Corporate Financial Policy in Segmented Securities Markets [J]. The Journal of Financial and Quantitative Analysis, 1973, 8 (5): 749-761.

[122] Rubinstein M E. A Mean–Variance Synthesis of Corporate Financial Theory [J]. The Journal of Finance, 1973, 28 (1): 167-181.

[123] Sahlman W A. The Structure and Governance of Venture-capital Organizations [J]. Journal of Financial Economics, 1990, 27 (2): 473-521.

[124] Scellato G. Patents, Firm Size and Financial Constraints: An Empirical Analysis for a Panel of Italian Manufacturing Firms [J]. Cambridge Journal of Economics, 2007, 31 (1): 55-76.

[125] Schmid T, Achleitner A K, Ampenberger M, et al. Family Firms and R&D Behavior–New Evidence from a Large-scale Survey [J]. Research Policy, 2014, 43 (1): 233-244.

[126] Schroth E, Szalay D. Cash Breeds Success: The Role of Financing Constraints in Patent Races [J]. Warwick Economics Research Paper, 2010, 14 (1): 73-118.

[127] Scott J T, Myer G E, Stewart R, et al. On the Mechanism of Langmuir Circulations and Their Role in Epilimnion Mixing1 [J]. Limnology & Oceanography, 1969, 14 (4): 493-503.

[128] Shin M, Kim S. The Effects of Cash Holdings on R&D Smoothing of Inno-

vative Small and Medium Sized Enterprises [J]. Asian Journal of Technology Innovation, 2011, 19 (2): 169-183.

[129] Silva F, Carreira C. Do Financial Constraints Threat the Innovation Process? Evidence from Portuguese Firms [J]. Economics of Innovation and New Technology, 2012, 21 (8): 701-736.

[130] Sissoko A. R&D Subsidies and Firm-level Productivity: Theory and Evidence from France [R]. Stockholm: European Association for Research in Industrial Economics, Discussion Papers, 2011.

[131] Spivack, Richard N. The Economic Evaluation of Technological Change, Washington, DC: Conference Proceedings of the Advanced Technology Program, National Institute of Standards and Technology, 2001.

[132] Stephen B, Costas M. Dynamic Investment Models and the Firm's Financial Policy [J]. Review of Economic Studies, 1994, 61 (2): 197-222.

[133] Stiglitz J E, Weiss A. Credit Rationing in Markets with Imperfect Information [J]. American Economic Review, 1981, 71 (3): 393-410.

[134] Stucki T. Success of Start-up Firms: The Role of Financial Constraints [J]. Industrial & Corporate Change, 2014, 23 (1): 25-64.

[135] Takalo T, Tanayama T, Toivanen O. Estimating the Benefits of Targeted R&D Subsidies [J]. Review of Economics and Statistics, 2013, 95 (1): 255-272.

[136] Tobin J. A General Equilibrium Approach to Monetary Theory [J]. Journal of Money Credit & Banking, 1969, 1 (1): 15-29.

[137] Ughetto E. Does Internal Finance Matter for R&D? New Evidence from A Panel of Italian Firms [J]. Cambridge Journal of Economics, 2008, 32 (6): 907-925.

[138] Weisbach M S, Almeida H, Campello M. The Cash Flow Sensitivity of Cash [J]. The Journal of Finance, 2004, 59 (4): 1777-1804.

[139] Whited T M, Wu G. Financial Constraints Risk [J]. Review of Financial Studies, 2006, 19 (2): 531-559.

[140] Yosha O. Information Disclosure Costs and the Choice of Financing Source [J]. Journal of Financial Intermediation, 1995, 4 (1): 3-20.

[141] Zúñiga Vicente, José Ángel, Alonso Borrego, César, Forcadell F J, et al. Assessing the Effect of Public Subsidies on Firm R&D Investment: A Survey [J].

Journal of Economic Surveys, 2013, 28 (1): 36-67.

[142] 白俊红, 李婧. 政府 R&D 资助与企业技术创新——基于效率视角的实证分析 [J]. 金融研究, 2011 (6): 181-193.

[143] 白俊红, 李瑞茜. 政府 R&D 资助企业技术创新研究述评 [J]. 中国科技论坛, 2013 (9): 32-38.

[144] 曹琪格, 任国良, 骆雅丽. 区域制度环境对企业技术创新的影响 [J]. 财经科学, 2014 (1): 71-80

[145] 陈爱雪. 传统产业与战略性新兴产业良好互动发展分析——基于内蒙古的研究 [J]. 工业技术经济, 2012 (9): 112-116.

[146] 陈海强, 韩乾, 吴锴. 融资约束抑制技术效率提升吗?——基于制造业微观数据的实证研究 [J]. 金融研究, 2015 (10): 148-162.

[147] 陈健, 陈杰, 高波. 信贷约束、房价与居民消费——基于面板门槛模型的研究 [J]. 金融研究, 2012 (4): 45-57.

[148] 成力为, 孙玮. 市场化程度对自主创新配置效率的影响——基于 Cost-Malmquist 指数的高技术产业行业面板数据分析 [J]. 中国软科学, 2012 (5): 128-137.

[149] 陈玲, 杨文辉. 政府研发补贴会促进企业创新吗?——来自中国上市公司的实证研究 [J]. 科学学研究, 2016, 34 (3): 433-441.

[150] 陈希敏, 王小腾. 政府补贴、融资约束与企业技术创新 [J]. 科技管理研究, 2016 (6): 11-18.

[151] 戴魁早, 刘友金. 市场化改革对中国高技术产业研发投入的影响 [J]. 科学学研究, 2013, 31 (1): 50-57.

[152] 邓翔, 向书坚. 中国上市公司融资约束的行业特征分析——基于 641 家上市公企业的 Logistic 回归分析 [J]. 宏观经济研究, 2014 (1): 107-117.

[153] 樊纲, 王小鲁, 马光荣. 中国市场化进程对经济增长的贡献 [J]. 经济研究, 2011 (9): 4-16.

[154] 顾夏铭, 陈勇民, 潘士远. 经济政策不确定性与创新——基于我国上市公司的实证分析 [J]. 经济研究, 2018 (2): 109-122.

[155] 贵斌威, 徐光东, 陈宇峰. 融资依赖、金融发展与经济增长: 基于中国行业数据的考察 [J]. 浙江社会科学, 2013 (2): 50-61.

[156] 韩国高. 政策不确定性对企业投资的影响: 理论与实证研究 [J].

经济管理，2014，36（12）：62-70.

[157] 郝威亚，魏玮，温军. 经济政策不确定性如何影响企业创新——实物期权理论作用机制的视角 [J]. 经济管理，2016，38（10）：40-54.

[158] 贺建风，张晓静. 劳动力成本上升对企业创新的影响 [J]. 数量经济技术经济研究，2018（8）：56-73.

[159] 姬广林. 中国金融发展对技术创新影响的实证分析 [D]. 吉林大学博士学位论文，2017.

[160] 鞠晓生，卢荻，虞义华. 融资约束、营运资本管理与企业创新可持续性 [J]. 经济研究，2013（1）：4-16.

[161] 鞠晓生. 中国上市企业创新投资的融资来源与平滑机制 [J]. 世界经济，2013（4）：138-158.

[162] 雷根强，郭玥. 高新技术企业认定后企业创新能力提升了吗？——基于中国上市公司的经验证据 [J]. 财贸研究，2018（8）：32-46.

[163] 黎文靖，郑曼妮. 实质性创新还是策略性创新？——宏观产业政策对微观企业创新的影响 [J]. 经济研究，2016（4）：60-73.

[164] 李东霖. 战略性新兴产业发展研究 [D]. 中共中央党校博士学位论文，2015.

[165] 李凤羽，杨墨竹. 经济政策不确定性会抑制企业投资吗？——基于中国经济政策不确定指数的实证研究 [J]. 金融研究，2015（4）：115-129.

[166] 李汇东，唐跃军，左晶晶. 用自己的钱还是用别人的钱创新——基于中国上市公司融资结构与公司创新的研究 [J]. 金融研究，2013（3）：170-183.

[167] 李金，李仕明，严整. 融资约束与现金—现金流敏感度——来自国内 A 股上市公司的经验证据 [J]. 管理评论，2007，19（3）：53-57.

[168] 李金华. 中国战略性新兴产业论 [M]. 北京：中国社会科学出版社，2017：1-420.

[169] 李金华. 有序推进战略性新兴产业空间布局 [N]. 经济日报，2015-06-04（12）.

[170] 李平，刘雪燕. 市场化制度变迁对我国技术进步的影响——基于自主研发和技术引进的视角 [J]. 经济学动态，2015（4）：42-50.

[171] 李延凯，韩廷春. 金融生态演进作用于实体经济增长的机制分析——透过资本配置效率的视角 [J]. 中国工业经济，2011（2）：26-35.

［172］李永，孟祥月，王艳萍. 政府 R&D 资助与企业技术创新——基于多维行业异质性的经验分析［J］. 科学学与科学技术管理，2014（1）：33-41.

［173］连玉君，苏治，丁志国. 现金—现金流敏感性能检验融资约束假说吗？［J］. 统计研究，2008，25（10）：92-99.

［174］刘端，彭媛，罗勇，周有德，陈收. 现金持有在企业投资支出中的平滑作用——基于融资约束的视角［J］. 中国管理科学，2015，23（1）：10-16.

［175］刘振. 融资来源对公司 R&D 投资影响的实证分析——基于中国上市高新技术企业的经营数据［J］. 中国科技论坛，2013（3）：54-59.

［176］刘振，杨先明. 非正规金融促进了本土企业产品创新吗？——来自中国制造业的证据［J］. 经济学动态，2017（8）：88-98.

［177］柳光强，杨芷晴，曹普桥. 产业发展视角下税收优惠与财政补贴激励效果比较研究——基于信息技术、新能源产业上市公司经营业绩的面板数据分析［J］. 财贸研究，2015（8）：38-47.

［178］柳光强. 税收优惠、财政补贴政策的激励效应分析——基于信息不对称理论视角的实证研究［J］. 管理世界，2016（10）：62-71.

［179］卢馨，郑阳飞，李建明. 融资约束对企业 R&D 投资的影响研究——来自中国高新技术上市公司的经验证据［J］. 会计研究，2013（5）：51-58.

［180］陆国庆，王舟，张春宇. 中国战略性新兴产业政府创新补贴的绩效研究［J］. 经济研究，2014（1）：44-55.

［181］伦晓波，杨竹莘，李欣. 所有制、对外直接投资与融资约束：基于金融资源错配视角的实证分析［J］. 世界经济研究，2018（6）：83-93.

［182］吕岩威，孙慧. 中国战略性新兴产业技术效率及其影响因素研究［J］. 数量经济技术经济研究，2014（1）：128-143.

［183］吕岩威，孙慧. 中国战略性新兴产业集聚度演变与空间布局构想［J］. 地域研究与开发，2013，32（4）：15-21.

［184］吕炜. 体制性约束、经济失衡与财政政策——解析 1998 年以来的中国转轨经济［J］. 中国社会科学，2004（2）：4-17.

［185］闵亮，沈悦. 宏观冲击下的资本结构动态调整——基于融资约束的差异性分析［J］. 中国工业经济，2011（5）：109-118.

［186］潘雄锋，史晓辉，王蒙. 我国科技发展的财政金融政策效应研究——基于状态空间模型的变参数分析［J］. 科学学研究，2012，30（6）：865-869.

［187］彭华涛. 武汉市财政科技投入乘数及触发效应分析［J］. 科技进步

与对策, 2007, 24 (11): 191-192.

[188] 任曙明, 吕镯. 融资约束、政府补贴与全要素生产率——来自中国装备制造企业的实证研究 [J]. 管理世界, 2014 (11): 10-23.

[189] 任曙明, 魏梦茹. 财政政策、融资约束与全要素生产率 [J]. 现代财经, 2015 (6): 28-42.

[190] 沈红波, 寇宏, 张川. 金融发展、融资约束与企业投资的实证研究 [J]. 中国工业经济, 2010 (6): 55-63.

[191] 石璋铭, 谢存旭. 银行竞争、融资约束与战略性新兴产业技术创新 [J]. 宏观经济研究, 2015 (8): 117-126.

[192] 孙浦阳, 李飞跃, 顾凌骏. 商业信用能否成为企业有效的融资渠道——基于投资视角的分析 [J]. 经济学 (季刊), 2014, 13 (4): 1637-1652.

[193] 孙婷, 温军. 金融中介发展、企业异质性与技术创新 [J]. 西安交通大学学报 (社会科学版), 2012 (1): 23-28.

[194] 孙伍琴, 王培. 中国金融发展促进技术创新研究 [J]. 管理世界, 2013 (6): 172-173.

[195] 孙早, 肖利平. 产业特征、公司治理与企业研发投入——来自中国战略性新兴产业 A 股上市公司的经营证据 [J]. 经济管理, 2015, 37 (8): 23-34.

[196] 孙早, 肖利平. 融资结构与企业自主创新——来自中国战略性新兴产业 A 股上市公司的经验证据 [J]. 经济理论与经济管理, 2016 (3): 45-58.

[197] 佟家栋, 余子良. 系统性企业外部融资冲击与美国出口波动 [J]. 世界经济, 2013 (8): 84-99.

[198] 万广华, 范蓓蕾, 陆铭. 解析中国创新能力的不平等: 基于回归的分解方法 [J]. 经济研究, 2010 (2): 3-14.

[199] 王春元, 叶伟巍. 税收优惠与企业自主创新: 融资约束的视角 [J]. 科研管理, 2018, 39 (3): 37-44.

[200] 王俊. 我国政府 R&D 税收优惠强度的测算及影响效应检验 [J]. 科研管理, 2011 (9): 157-164.

[201] 王宏起, 苏红岩, 武建龙. 战略性新兴产业空间布局方法及其应用研究 [J]. 中国科技论坛, 2013 (4): 28-34.

[202] 王山慧. 中国上市公司 R&D 投资的融资约束研究 [D]. 华中科学大学博士学位论文, 2013.

［203］王文甫，王德新，岳超云. 地方财政支出有偏性、企业融资约束与经济结构失衡［J］. 财贸研究，2016，42（10）：155-177.

［204］魏志华，曾爱民，李博. 金融生态环境与企业融资约束［J］. 会计研究，2014（5）：73-80.

［205］吴超鹏，唐菂. 知识产权保护执法力度、技术创新与企业绩效——来自中国上市公司的证据［J］. 经济研究，2016（11）：125-139.

［206］吴桂生. 技术创新管理［M］. 北京：清华大学出版社，2013：1-432.

［207］吴建南，刘遥. 区域创新驱动发展战略如何实施？——关于"三力一效"模式的实证研究［J］. 科学学研究，2019（1）：130-139.

［208］吴淑娥，仲伟周，卫剑波，黄振雷. 融资来源、现金持有与研发平滑——来自我国生物医药制造业的经营证据［J］. 经济学（季刊），2016，15（2）：746-766.

［209］吴翌琳，谷彬. 创新支持政策能否改变高科技产业融资难问题［J］. 统计研究，2013（2）：32-39.

［210］谢军，黄志忠. 宏观货币政策和区域金融发展程度对企业投资及其融资约束的影响［J］. 金融研究，2014（11）：64-78.

［211］解维敏，方红星. 金融发展、融资约束与企业研发投入［J］. 金融研究，2011（5）：171-183.

［212］解维敏，唐清泉，陆珊珊. 政府 R&D 资助企业 R&D 支出与自主创新——来自中国上市公司的经验证据［J］. 金融研究，2009（6）：86-99.

［213］徐进，吴雪芬. 企业现金持有改善了研发投入平稳性吗？［J］. 证券市场导报，2017（6）：36-42.

［214］许志伟，薛鹤翔，罗大庆. 融资约束与中国经济波动——新凯恩斯主义框架内的动态分析［J］. 经济学（季刊），2010（1）：83-110.

［215］严若森，姜潇. 关于制度环境、政治关联、融资约束与企业研发投入的多重关系模型与实证研究［J］. 管理科学，2019，16（1）：72-84.

［216］亚当·斯密. 国富论［M］. 唐日松等译. 北京：华夏出版社，2005.

［217］阳佳余. 融资约束与企业出口行为：基于工业企业数据的经营研究［J］. 经济学（季刊），2012，11（4）：1503-1522.

［218］杨洋，魏江，罗来军. 谁在利用政府补贴进行创新——所有制和要素市场扭曲的联合调节效应［J］. 管理世界，2015（1）：75-85.

［219］杨英，张浩良. 广东战略性新兴产业空间布局研究——基于因子分析法和聚类分析法［J］. 中国发展，2012（4）：60-66.

［220］杨源源，于津平，杨栋旭. 融资约束阻碍战略性新兴产业高端化了吗？［J］. 经济评论，2018（5）：60-74.

［221］应千伟，罗党论. 授信额度与投资效率［J］. 金融研究，2012（5）：151-163.

［222］喻坤，李治国，张晓蓉，徐刚刚. 企业投资效率之谜：融资约束假设与货币政策冲击［J］. 经济研究，2014（5）：106-120.

［223］原小能. 制造业创新与服务业创新：比较与融合［J］. 财贸研究，2009（3）：14-19.

［224］岳怡廷，张西征. 异质性企业创新投入资金来源差异及其变迁研究［J］. 科学学研究，2017，35（1）：125-138.

［225］约翰·梅纳德·凯恩斯. 货币论［M］. 邓传军，刘志军译. 合肥：安徽人民出版社，2012.

［226］约翰·凯恩斯. 就业、利息和货币通论［M］. 金华译. 上海：立信会计出版社，2007：1-304.

［227］约瑟夫·熊彼特. 资本主义、社会主义和民主［M］. 吴良健译. 北京：电子工业出版社，2013：1-391.

［228］约瑟夫·熊彼特. 经济发展理论［M］. 王永胜译. 上海：立信会计出版社，2017：1-247.

［229］约瑟夫·阿洛伊斯·熊彼特. 经济周期循环论［M］. 叶华译. 北京：中国长安出版社，2009：1-240.

［230］曾勇，邓光军，夏晖，李强. 不确定条件下的技术创新投资决策——实物期权模型及应用［M］. 北京：科学出版社，2016：1-402.

［231］张凡. 金融发展、企业融资与融资约束缓解——基于微观结构理论的实证分析［J］. 财经问题研究，2015（7）：122-128.

［232］张杰，陈志远，杨连星，新夫. 中国创新补贴政策的绩效评估：理论与证据［J］. 经济研究，2015（10）：4-17.

［233］张杰，冯俊新. 中国企业间货款拖欠的影响因素及其经济后果［J］. 经济理论与经济管理，2011（7）：87-98.

［234］张杰，卢哲，郑文平，陈志远. 融资约束、融资渠道与企业 R&D 投入［J］. 世界经济，2012（10）：66-87.

［235］张岭，张胜. 创新驱动发展战略的金融支持体系［J］. 西安交通大学学报（社会科学版），2015，35（6）：24-29.

［236］张琳彦. 基于空间自相关的中国战略性新兴产业空间布局分析［J］. 统计与决策，2015（13）：139-142.

［237］张西征. 货币政策、融资约束与公司投资决策研究［M］. 北京：企业管理出版社，2012：1-160.

［238］张璇，刘贝贝，汪婷等. 信贷寻租、融资约束与企业创新［J］. 经济研究，2017，52（5）：161-174.

［239］章晓霞，吴冲锋. 融资约束影响我国上市公司的现金持有政策吗——来自现金—现金流敏感度的分析［J］. 管理评论，2006，18（10）：59-63.

［240］赵洪江，陈学华，苏晓波. 新兴技术、新技术、高技术及高新技术概念辨析［J］. 企业技术开发，2005，24（11）：40-41.

［241］赵玉林，石璋铭. 战略性新兴产业资本配置效率及影响因素的实证研究［J］. 宏观经济研究，2014（2）：72-80.

［242］郑录军，王馨. 地方金融结构、制度环境与技术创新［J］. 金融论坛，2018（10）：54-67.

［243］周晶，何锦义. 战略性新兴产业统计标准研究［J］. 统计研究，2011，28（10）：3-8.

［244］周煊，王立茹，王皓. 技术创新水平越高企业财务绩效越好吗？——基于16年中国制药上市公司专利申请数据的实证研究［J］. 金融研究，2012（8）：166-179.

［245］周煜皓. 我国企业创新融资约束结构性特征的表现、成因及治理研究［J］. 管理世界，2017（4）：184-185.

［246］周月秋，邱牧远. 中国融资结构金融转型期的分析——基于经济生态的视角［J］. 金融论坛，2016（10）：3-13.

［247］朱瑞博. 中国战略性新兴产业培育及其政策取向［J］. 改革，2010（3）：19-28.

［248］朱永明，贾明娥. 市场化进程、融资约束与企业技术创新——中国高新技术企业2010-2014年数据的分析［J］. 商业研究，2017（1）：49-56.